U0478928

丛书主编◎鞠远方　林媛媛

幼儿园课程生活化教研探索丛书

和孩子们一起幸福地过日子：
看见幼儿生活中的课程资源

本书主编◎李理新　李腾曦

海峡出版发行集团｜福建教育出版社

图书在版编目（CIP）数据

和孩子们一起幸福地过日子．看见幼儿生活中的课程资源/李理新，李腾曦主编. —福州：福建教育出版社，2024. —（幼儿园课程生活化教研探索丛书/鞠远方，林媛媛主编）. —ISBN 978-7-5758-0014-3

Ⅰ．G612

中国国家版本馆 CIP 数据核字第 2024XE8945 号

幼儿园课程生活化教研探索丛书
丛书主编　鞠远方　林媛媛
He Haizimen Yiqi Xingfu De Guo Rizi：Kanjian You'er Shenghuo Zhong De Kecheng Ziyuan

和孩子们一起幸福地过日子：看见幼儿生活中的课程资源
本书主编　李理新　李腾曦

出版发行	福建教育出版社
	（福州市梦山路 27 号　邮编：350025　网址：www.fep.com.cn
	编辑部电话：0591-83763162
	发行部电话：0591-83721876　87115073　010-62024258）
出 版 人	江金辉
印　　刷	福建新华联合印务集团有限公司
	（福州市晋安区福兴大道 42 号　邮编：350014）
开　　本	710 毫米×1000 毫米　1/16
印　　张	10
字　　数	132 千字
插　　页	1
版　　次	2025 年 3 月第 1 版　2025 年 3 月第 1 次印刷
书　　号	ISBN 978-7-5758-0014-3
定　　价	39.00 元

如发现本书印装质量问题，请向本社出版科（电话：0591-83726019）调换。

编委会

丛书主编： 鞠远方　林媛媛
本书主编： 李理新　李腾曦
本书副主编： 林艳芳　王　芳
编　　委： 李理新　李腾曦　林艳芳　王　芳　方　慧
　　　　　　刘艳玲　黄海虹　缪雪银　王凌燕　郑玉英
　　　　　　阮立萍　刘思思　张舒林　刘子源　饶妍滨
　　　　　　郑　鸿

序

生活化是幼儿园课程的基本特征，是幼儿园课程改革的基本命题。2018年起，福建省普通教育教学研究室幼教科正式启动幼儿园课程生活化的课改行动，以福建省幼儿教育研究基地园培育项目为抓手，引领数十所省级幼儿教育研究基地开展有主题、有目标、有结构的行动研究，致力于通过课程生活化来深化福建省幼儿园课程内涵，形成具有科学性、创新性、可推广性的闽派幼儿园课程改革成果。

为进一步触发教育实践工作者的反思与超越，2020年底，福建省普通教育教学研究室幼教科通过与众多专家的探讨，最终提出了"和孩子们一起幸福地过日子"这一课改思想，它直接、鲜明地凝练出了幼儿园课程生活化改革的实践期许，也反映全体项目组园所对初心、目的、过程的共识。

"幸福"强调生活与教育的终极意义

幸福是人类生活的永恒情结和人类发展的原动力。因此，幸福应当成为教育的基本使命，是落实课程生活化的起点与归宿。必须确信，教师之于幼儿幸福是可为的，亦是负有使命的：教师需要也应当让幼儿感受到生活过程的幸福，让幼儿感受到生活真理不断敞亮的幸福，让幼儿感受到生命智慧渐次启迪中的幸福。

幸福并非抽象、虚无的，它会落脚在具体的生活中，落脚在切身的体验中：教师要让幼儿获得"存在感"，使其能"在自己创造的世界中感受做主人的喜悦"；教师要让幼儿获得"实现感"，使其获得情感的充分释放、经验的充分调配、智慧的充分实践；教师要让幼儿获得"收获感"，使其收获友谊、收获进步、收获尊重；教师要让幼儿获得"相遇感"，让儿童与儿童相遇，让教师与儿童相遇，使其收获人际间的社交温情、心灵间的相互陪伴。

这些幸福的体验绝不仅生长在童年生活的当下，还会成为一种终身幸福的潜在资本，以其特有的线索、逻辑在儿童生命长河之中融会贯通，滋养灵敏的思维、积极的情操、高尚的品格等，使其拥有真正完整而幸福的人生。

"幸福地"强调教育过程中的情感向度

幼儿在园生活中表露的外显情感需要被教师所"在意"，那些潜藏的内隐情感需要教师在师幼共处的点滴中持续维护与滋养。若隐蔽了情感，幼儿的生活将被机械的知识和冰冷的问题裹挟，缺失心灵之间的相互慰藉和抵达，原生的善意和美好将难以获得滋养。

追寻情感向度，需要教师从对"课程怎么做"的焦虑与目的中有意地抽离，走进幼儿的情感世界，给予儿童高质量的爱，即一种基于情感与关系的灵魂深处的陪伴与支持。

"和孩子们一起"强调教师要积极去和幼儿交往

教师是幼儿成长的重要他人，教师的言行举止不仅是教育影响的重要内容，亦是幼儿在其实际生活中十分在意的内容。一个优秀的教师，必然是幼儿渴望交往的对象；一个优秀的教师，必然热衷且善于与幼儿交往。

为此，与儿童日常相处的教师，应当真正地成为儿童的成长伙伴，他们愿意与儿童交往、善于与儿童交往、享受与儿童交往，并能通过积极的交往让儿童获得愉悦的体验、智慧的启迪、人格的滋养。

研究团队持续研究和学习如何与幼儿交往、如何积极地与幼儿交往，让师幼双方在彼此信任、敞开自我的心境之下，共同营造独特而幸福的生活样态。十分庆幸，在多年的努力下，教师慢慢地在"退"与"进"中重拾信心和底气，人际间的"人情味"越来越足，师幼关系愈加和谐融洽，师幼双方共同朝着幸福与美好同行。

"过日子"强调生活的价值以及"生活化"的实践要义

"过日子"是人们对生活展开过程的最朴素的描绘。课程的生活化就是强调让教育的过程还原到生活的本真，让课程自然地落脚在儿童的生活和行动里：它不需要教师为呈现与众不同的"优质课程"而绞尽脑汁地设计课程，而是需要教师在与儿童的共同生活中不断思考"儿童需要我们做些什么"，从而从容、自然地生发课程，以此助力儿童更加投入地解决问题、建构经验，让儿童因为课程的实施而更加亲近、受益于自己的生活。

可见，实施高质量生活化课程的关键在于教师要支持儿童以儿童的节奏、儿童的方式去过儿童想过且有价值的生活。我们也正为此而不断地修炼看待生活、看待课程的态度和眼光：在课程实施的过程中能够更敏锐地观察生活，利用生活；在课程实施的过程中能以更高位的视角看待生活，敬畏生活；在课程实施的过程中以更虔诚的态度，让课程服务生活；在课程实践中，继续努力实现儿童经验本位与儿童发展本位，让幼儿的潜能得到更充分的发挥。

"和孩子们一起幸福地过日子"是对"教育者姿态"的反思与追寻

"和孩子们一起幸福地过日子"是对教师工作实践状态的期许。在教育与教研实践中，我们常常困扰于教师的观念、教师的行事，却很少真正站在课程主体的立场上思考，究竟幼儿喜欢的教师是什么样的，究竟幼儿希望我们怎样与他们相处。

作为陪伴幼儿成长的关键他人，"教育者姿态"是幼儿所关切的。教师应当是一个能够让幼儿感受到信任、自在、快乐的人。首先，必须要"有趣"，要读得懂幼儿的快乐才能与幼儿一起创造和享受快乐；其次，必须要"有爱"，在幼儿受到误解、否定、轻视的时候，能够理解，能够欣赏，能够给予光亮，让幼儿感到和教师在一起的松快；再次，要"有胸怀"，知进退、大格局、不冲动妄为，不斤斤计较，让幼儿放松地表露真情实感；最后，要"有智慧"，敏于洞悉、善于点拨、慧心巧思，能够在幼儿漫漫的在园时光中，使智慧得到徐徐点亮。

我们希望教师能够在教育生活中时刻保持对"我是什么样的人""我以何姿态与幼儿相处"的敏感，去端正和优化自身的姿态，扪心自问、客观评价：我们是否被幼儿认知为这样的人，这样基于儿童视角的美好的人。

总而言之，"和孩子们一起幸福地过日子"是希望教师以美好的心灵、美好的姿态去与幼儿交往，在鲜活的共同生活中珍视一切有价值的真实发生，自觉关心儿童生活世界的"色调"和"纹理"，用真挚的情感与情谊"以情化育"，以积极的价值观和支持力润泽儿童的生长过程，成就幼儿幸福的童年体验以及终身幸福的潜力，而教师也能从中收获幸福的反哺，与儿童幸福共生。

尽管目前的研究和成果离这一期许还有一定距离，但这些年，福建省幼儿教育研究基地园展现出了热切的教育情怀、积极的教研状态，成为了福建幼教团体中一股备受瞩目且激奋人心的力量。他们基于本园课程基础，选取不同研究点进行了扎实的研究，努力实现对"和孩子们一起幸福地过日子"这一主张的实践诠释：他们各自围绕研究内容提出了一个简明的实践主张，生成了多个温暖、幸福的课程故事，还梳理了丰富多元的实践策略以说明、启示如何让主张实现于课程实践。这些成果为幼儿园落实课程生活化提供了鲜活的样本和工具。截至2023年，我们的研究已孵化出如下成果：福建幼儿师范高等专科学校附属第一幼儿园《"有温度"的幼儿园食育》、福建省莆田市荔城区第二实验幼儿园《温暖的师幼闲聊》、福建省厦门市莲云幼儿园《创"有意思"的幼儿园环境》、福建省福安市第二实验幼儿园《看见幼儿生活中的课程资源》、福建省晋江市池店镇桥南中心幼儿园《守护幼儿的愿望》。此外，另有二十余所幼儿园正在努力进行实践探索、孵化成果，有待后续推进。

在此丛书出版之际，首先，感谢福建省普通教育教学研究室郑云清主任对幼教工作的鼎力支持与关怀，让本项课题研究有底气、有平台、有动力；其次，感谢南京师范大学虞永平教授、许卓娅教授，福建师范大学林菁教授、吴荔红教授、孟迎芳教授、张玉敏博士对本项研究直接或间接的指导，以及各地市幼教教研员在属地基地园研究过程中给予的专业推进，这些专业引领是支持研究团队不断前行的力量；再次，感谢三年多来一起同行的基地园单位，从八闽各地因美好的情怀走到一起，在"真研究"的历程中付出了极大的心血，终以赤诚的信念孵化出了丰硕的成果，幼儿园的信任和努力激励我们继续开拓进取；最后，感谢福建教育出版社以丛书的形式支持基地园成果的出版，这对整个研究团队、对基地园所而言都是莫大的鼓励，也使福建省普教室幼教科有关课程改革的行动实现了更大范围的辐射推广。感激之情浓浓，难言尽。

本套丛书的出版，是一种激励，更是一种鞭策。我们会继续不懈努力，在课程改革的进程中持续深思与优化教育观、儿童观、课程观，以生活为载体、以幸福为基调，积极追寻、努力实现"和孩子们一起幸福地过日子"！

前言

生活是滋养幼儿成长的大书房,教师是推荐者、伴读人,课程伴随着生活,幼儿就在其中成长。

幼儿生活在幼儿园、社区中,幼儿身边的一草一木、一人一事都可能引发幼儿有兴趣、有价值的活动,都可能成为课程资源。对于幼儿生活中的课程资源及其开发与利用的研究,教师要思考的是:生活中的课程资源到底是什么?在哪里?怎么用?幼儿园课程资源的开发不单单以教师为主体,对课程资源的利用也不是对生活的简单复制。除了生活中人、事、物这些显性课程资源,我们还要关注隐性的情感链接,在生活中连接幼儿与资源之间的关系,挖掘蕴含在这些资源中同质异态的永恒价值,帮助幼儿在直接经验的基础上提升心理品质。

为进一步帮助幼儿园教师、家长增强对幼儿生活中课程资源的关注,提升课程资源开发和利用的科学性、有效性和可操作性,在福建省普通教育研究室提出的"和孩子们一起幸福地过日子"主张引领下,福安市第二实验幼儿园开展了"幼儿生活中的课程资源及其开发与利用"项目研究。得益于福建省普通教育研究室鞠远方科长和林媛媛博士的倾力指导,我园开展了大量实践研究,并在实践的基础上梳理经验、总结做法,组织编写了这本书。

这本书的亮点在于以简洁的语言阐释了幼儿生活中的课程资源的基本问题,提出好的课程资源应具备有益性、适切性、转化性、操作性,为教师提供了清晰的参照指标。在第一章"课程资源开发与利用的实施步骤"中,用三个步骤三张图表说明师幼共同开发和利用课程资源的全过程：第一步，借助"课程资源表"与"1＋N"的方式寻找生活中的资源，解决资源开发的问题；第二步，运用"课程与资源整合利用导图"支持课程与资源的匹配，实现课程资源的利用；第三步，以"三会三册"的形式进行资源调整，促进课程资源内容和意义的迭代。在第三章"课程资源开发与利用的策略"中，围绕"课程资源的寻找""课程资源的整合""课程资源的审议"三个板块，从教师实践操作的层面，梳理了"趣味寻迹""生活漫聊"等12个课程资源开发和利用的实践策略，操作性极强，为教师进行课程资源的开发与利用提供了可供借鉴的方法。

在"课程故事"中，列举了四个具有代表性的课程案例。在这些案例中，不仅能看到幼儿鲜活的活动过程，而且可以清晰地看到教师与幼儿作为课程资源开发的双主体运用资源开发工具，捕捉、筛选、调整课程资源的全过程，以及师幼在交互中相辅相成的动态关系。

研究生活中可利用的课程资源，和幼儿、教师一起体味生活中的点滴美好，在这样的生活实践研究中，我们发现幼儿、教师、课程发生了积极的转变：幼儿更加关注生活中的事物与自身之间的关系，对周边感兴趣的事物保持探究的热情，这种探究兴趣和热情成为幼儿主动拓展认知边界的动力，进而开启探知生活的大门，萌发爱生活的情感、提升会生活的能力、形成善生活的态度。教师对幼儿积极情感的培养有了更深入的认识，开始认真对待幼儿每一个看似荒诞的问题；在开发和利用园区、社区生活中的课程资源时，有了更敏锐的捕捉和价值辨析能力；教师在利用幼儿园课程资源方面更加科学和有效，提升了教师课程建构的能力。

本书在编写过程中参阅了相关文献，在此向原作者致以诚挚的谢意。由于时间和精力有限，书中可能出现一些纰漏，敬请广大读者批评指正。

编写组

目 录

理念与策略

第一章　关注生活中的课程资源，让生活成为课程的生发地　3
　　一、课程资源的内涵诠释　⋯⋯⋯⋯⋯⋯⋯⋯⋯⋯⋯⋯⋯⋯　3
　　二、课程资源开发利用的基本问题　⋯⋯⋯⋯⋯⋯⋯⋯⋯⋯　5
　　三、课程资源开发与利用的实施步骤　⋯⋯⋯⋯⋯⋯⋯⋯⋯　11

第二章　课程资源开发与利用的实践意义　⋯⋯⋯⋯⋯⋯⋯　26
　　一、对儿童成长的意义　⋯⋯⋯⋯⋯⋯⋯⋯⋯⋯⋯⋯⋯⋯　26
　　二、教师的收获　⋯⋯⋯⋯⋯⋯⋯⋯⋯⋯⋯⋯⋯⋯⋯⋯⋯　27
　　三、对课程转变的意义　⋯⋯⋯⋯⋯⋯⋯⋯⋯⋯⋯⋯⋯⋯　29

第三章　课程资源开发与利用的策略　⋯⋯⋯⋯⋯⋯⋯⋯⋯　31
　　一、课程资源的寻找　⋯⋯⋯⋯⋯⋯⋯⋯⋯⋯⋯⋯⋯⋯⋯　31
　　　　策略一：趣味寻迹　⋯⋯⋯⋯⋯⋯⋯⋯⋯⋯⋯⋯⋯⋯　32
　　　　策略二：生活漫聊　⋯⋯⋯⋯⋯⋯⋯⋯⋯⋯⋯⋯⋯⋯　34
　　　　策略三：主题式采风　⋯⋯⋯⋯⋯⋯⋯⋯⋯⋯⋯⋯⋯　37
　　二、课程资源的整合　⋯⋯⋯⋯⋯⋯⋯⋯⋯⋯⋯⋯⋯⋯⋯　41
　　　　策略一：打通种养生态圈　⋯⋯⋯⋯⋯⋯⋯⋯⋯⋯⋯　41
　　　　策略二：改造微空间　⋯⋯⋯⋯⋯⋯⋯⋯⋯⋯⋯⋯⋯　44

策略三：开展社群活动 …………………………………… 47
　　策略四：趣赶花草集市 …………………………………… 50
　　策略五：巧设爱心小铺 …………………………………… 52
　　策略六：打造家乡文创馆 ………………………………… 55
三、课程资源的审议 ……………………………………………… 60
　　策略一：多方辩论会 ……………………………………… 60
　　策略二：动态漫聊会 ……………………………………… 63
　　策略三：日记研习趴 ……………………………………… 66

课程故事

小创客的 72 变 ……………………………………………………… 75

一张纸可以"活"几次？ …………………………………………… 87

藏宝寻宝 …………………………………………………………… 104

才不是懒孩子 ……………………………………………………… 129

理念与策略

第一章
关注生活中的课程资源，让生活成为课程的生发地

一、课程资源的内涵诠释

课程资源是幼儿园课程建设的基础，开发和利用课程资源是幼儿园课程建设的关键。我们主张课程资源应来源于幼儿生活这个大场域，让生活滋养幼儿幸福成长，教师不仅要关注生活中的物质资源，更要重视生活中的"关系"资源，以实现幼儿能力与精神层面的收获与成长。

幼儿生活中存在着的具体的人、事、物，就是幼儿园课程的资源。教师和幼儿作为课程资源开发和利用的主体，应努力去捕捉这些显性与隐性的资源，体验与自己关联的人、事、物的美好，以成就幼儿幸福成长。思考以下几个问题有助于深入理解幼儿园课程资源的内涵。

（一）幼儿园课程资源是什么？

课程资源是指课程要素来源以及实施课程的必要而直接的人力、物力和自然条件的总和，它是课程的支架。对于幼儿而言，"万物皆备于我"，一切与幼儿真实生活相关联的资源都可能成为幼儿园的课程资源。

（二）生活中的课程资源有哪些？

生活即是个体成长的过程，点滴皆为成长。生活中有相对稳定的场所，持续流动的交往人群，以及每时每刻都有可能发生的事件等，这些构成了我

们真实的生活。对于幼儿来说，生活中形态各异的植物、生机勃勃的动物、或亲近或陌生的人、听起来似懂非懂的新鲜事，都能激发幼儿的好奇心与探究欲望，也是他们游戏、学习的对象与内容，幼儿的生活无疑是课程资源最自然的生发地。

生活中的显性资源包括幼儿周围各种各样的人、事、物。"人"指幼儿日常相处的家人、教师、同伴，以及幼儿园、社区中的厨师、保安、快递员等各种职业人群；"事"指发生在幼儿生活中的各类事件，如家庭、幼儿园、社区里发生的事，包括看似琐碎的趣事、窘事等；"物"是幼儿生活环境中可看、可触的物质。这些都是潜在的课程资源。当然，生活中除了这些看得见的显性资源，还存在隐性资源，即人、事、物背后隐藏的人际关系、情感需求、文化精神等，它们以无形的方式通过课程的开展对幼儿产生影响。

教育者只有关注幼儿的生活，关注幼儿生活中的各种资源，挖掘其中有价值的、有逻辑联系的、切合幼儿认知水平和发展需要的内容，才能不断丰富幼儿园的课程资源。

（三）为什么要关注生活中的课程资源？

虞永平教授指出："没有哪个年龄段的教育像幼儿教育那样迫切地需要回归生活，没有哪个年龄段的课程像幼儿园课程那样迫切地需要生活化。"幼儿的年龄特点和能力水平限制了他们脱离现实生活进行学习的能力，而且，《3~6岁儿童学习与发展指南》（以下简称《指南》）明确指出幼儿的学习是在游戏和日常生活中进行的。

关注幼儿生活中的课程资源应基于儿童视角，服务幼儿生活。从儿童对于世界的认知需求与他们在游戏活动、日常生活的需求出发，敏锐捕捉幼儿生活中的课程资源，才能使这些课程资源服务于课程的生发与开展。

关注生活中的课程资源可以实现资源的整合利用。关注幼儿的生活，促使教师全方位搜索幼儿感兴趣的、适宜于探究的资源，在开发与利用这些资源服务课程时，自然而然地会加以综合思考，整合利用，课程资源将从单一走向多样，并相互联系。

关注生活中的课程资源可以实现幼儿"从外到内"的学习。幼儿是一个完整的个体，他们不仅观察生活中有形的事物，更用心地感受生活中无形的关系，例如人与人之间的情感、物与物之间依存的关系，这些都是课程架构中的要素，这些隐性的课程资源促进幼儿身心健康成长。

二、课程资源开发利用的基本问题

（一）什么是好的课程资源？

存在于幼儿生活中的课程资源形态多样，内容繁多，但并不是所有的课程资源都是合适的、都是可以有效促进课程发展的。教师应该从专业的角度思考、辨析，选择适合幼儿年龄特点、发展水平和发展目标的课程资源。课程资源只有具备有益性、适切性、转化性、操作性，才是好的课程资源。

1. 课程资源于幼儿发展需具备有益性

课程资源是课程活动的物质基础，借助课程活动的开展，来促进幼儿各方面发展。在开发课程资源时，首先要思考这种课程资源是否能够引起幼儿的兴趣，让他们愿意去观察、发现、探究。其次，需要分析课程资源本身的科学性，分析课程资源所包含的信息的丰富性、全面性，保证所选择的课程资源可以为幼儿提供想象、创新的空间，能够使幼儿乐于表达表现、动手操作，并在活动的过程中与同伴产生交流、合作，最终促进幼儿获得知识经验、提升能力品质、发展情感个性。

2. 课程资源于课程发展需具备适切性

课程资源是实施课程的必要而直接的条件，课程资源与课程活动必须具备适切性。幼儿在课程活动开展与推进的过程中，自然会产生对材料、技能、经验,甚至精神上的需求,这就需要师幼去寻找相应的人力、物力等资源,以保障课程活动的顺利进行。要寻找什么样的课程资源呢?是不是所有的课程资源都能支持课程活动的有效推进呢?是不是幼儿寻找到的所有资源都应该采纳呢?此时,需要教师明确课程活动的发展目标,因为课程资源可能推动课程的发展,也有可能阻碍课程的发展,再或者朝不同方向发展,也就是说,一个课程资源本身虽然具备很高的开发价值,但它并不是适切于每个课程活动的,即好的课程资源应该与课程活动之间具备较高的适切性。

3. 课程资源于经验获得需具备可转化性

资源本身是静态的,需要借助动态的活动才能实现它的价值。课程资源开发利用的途径是资源—活动—经验,这之间需要历经两次转化。首先,资源按照预设,生成课程活动,或支持活动的开展、推进,进而实现其价值,完成资源到活动的转化。其次,在活动过程中幼儿积极参与、频繁互动,以活动为载体使已有经验得以整合、迁移运用或获得新的经验,达成个体知识经验的生长,也就是实现活动到经验的转化,至此课程资源才实现了它的价值。

4. 课程资源于师幼需具备可操作性

课程资源开发与利用的主体是教师与幼儿,课程资源在功能、层次上必须切合师幼的能力与经验,即课程资源于师幼需具备可操作性。从教师角度思考,开发课程资源关系到教师的专业素养与课程实施能力,不同的教师在能力结构上各有差异,如有的教师擅长人力资源的调度,而有的教师对于情境创设具备优势,只有面对切合教师能力结构的课程资源,教师才能够游刃有余地进行开发利用。从幼儿角度思考,课程资源必须来自幼儿熟悉的生活范围,是幼儿所感兴趣的内容,以幼儿的经验、能力能够较为自如地运用、操作。此外,课程资源所处地点、所呈现的形态一定是便于幼儿探究的,必须是安全、利于开发、开发成本低的,且在时间、空间上都能满足课程活动的需要。

（二）如何开发好的课程资源？

好的课程资源应该由谁去开发？需要如何开发？在开发的过程中能够形成哪些资源开发的工具？这些工具应该具备怎样的特点，才能够给教师在资源开发的过程中提供有力的抓手？这些问题的答案随着课程资源开发的进程逐渐明朗。

1. 谁去开发

对于开发利用课程资源来说，"谁去开发"是最为根本的问题，因为课程活动是师幼共同开发与开展的，师幼作为课程实施的主体决定着开发利用课程资源的成效。资源开发的主体主要是教师，而幼儿则以自己独特的视角和兴趣，关注并参与对具体生活资源的探索，在教师的引导下进行资源开发活动。

首先，幼儿在生活中观察事物，经历事件，感受各种关系，他们是生活的第一关注者和发现者，同时也是活动的主体。幼儿关注到的生活中的信息体现在他们热烈的讨论、专注的探索、充满向往的表达中。当幼儿在活动过程中遇到困难，活动的推进处于瓶颈时，他们会寻找相应的支持，比如材料、知识经验、情感支持等。这就是幼儿开发利用资源的鲜活过程。

其次，教师作为课程的建设者，要有良好的专业知识和丰富的通识知识。教师能正确解读幼儿，对幼儿的年龄特点、能力水平、知识经验有着正确的认知；教师能明确了解3~6岁幼儿的发展目标与发展轨迹；教师在与幼儿共同观察、经历、感受生活的过程中，对幼儿的兴趣与需要有着直接、明晰的了解。在开发与利用课程资源的过程中，教师是核心和关键的要素，不仅要具备开发课程资源的意识、发掘利用资源的能力，更需为幼儿创造条件，引导他们感知并关注课程资源。

同时，拥有丰富的社会经验的家长是课程资源开发利用的辅助者。家长能关注幼儿生活中的点滴，是课程资源开发的一大助力。

2. 如何开发利用

课程资源的开发是将静态的资源转化成课程活动的动态过程，不是对幼儿生活周围的人、事、物进行简单的复制，途径不是单一的，成果也不能一蹴而就。静态的资源是无法直接作用于课程的，必须要借助活动的开展才能成为课程的支持。静态的资源只有通过"资源—活动—经验"的途径，才能实现滋养幼儿的目的。教师需要对课程资源进行价值判断，需要根据活动开展的需要、幼儿已有的水平来筛选、加工课程资源，并与幼儿共同生成生动的活动。

教师首先从幼儿的兴趣出发，以趣味寻迹、主题式采风等策略，多角度寻找生活中的物质、精神、文化等资源。其次，在实现课程资源利用的进程中，教师要注意整合物质与精神层面的资源，既关注到显性的物质材料，也关注到物质材料背后隐藏的情感关系等内容，比如采用打通种养生态圈、改造微空间、趣赶花草集市等策略整合课程资源。第三，运用灵活多样的教研形式，如多方辩论会、动态漫聊会、日记研习趴等，对课程资源的开发利用进行科学的审议。

3. 形成哪些资源开发工具

师幼在开发利用生活中资源的过程中，从资源的寻找、辨析到确定，梳理出几个行之有效的资源开发工具。

第一个工具是"课程资源表"。它是师幼对幼儿园进行全方面搜寻之后，总结记录下的幼儿园关于物力资源、人力资源、事件资源等各种具体信息，以表格的形式呈现。物力资源又细分为园区环境、动植物、设施设备和材料，并在资源信息一列，详细记录这些资源所处方位和名称，让教师一目了然，更能提醒教师关注幼儿园的各方面资源。（"课程资源表"示例见第 13 页）

第二个工具是"资源分析与课程构想表"。围绕"课程资源表"中的内容，教研组组织教师进行价值分析，研讨某种资源对幼儿的认知、能力、情感等方面的发展作用,并构想可能生发的课程,进而形成"资源分析与课程构想表"。"资源分析与课程构想表"既为教师提供了第一手参考资料,也给教师提供了资源价值辨析的思路,便于教师面对新的资源时,能快速、便捷地定位资源的价值所在。("资源分析与课程构想表"示例见第 14 页)

第三个工具是"1 资源 N 课程导图"。在资源开发与利用的过程中,教师了解幼儿活动的思路与方法,并以导图的形式呈现出来,成为课程资源开发的又一重要工具。具体操作为:教师鼓励幼儿围绕自己日常观察到的、感兴趣的资源发挥想象与创造力,描述出自己想利用这些资源开展什么活动,并引导幼儿以小组为单位,用图文进行记录,从而形成"1 资源 N 课程导图"。

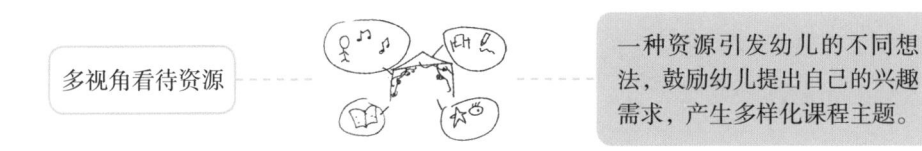

多视角看待资源 —— 一种资源引发幼儿的不同想法,鼓励幼儿提出自己的兴趣需求,产生多样化课程主题。

1 资源 N 课程导图

第四个工具是"1 课程 N 资源导图"。幼儿围绕一个课程活动开展的需求,搜索各种各样的资源,包括物力资源、人力资源等。师幼围绕多种资源在教育价值、安全性能、是否适合幼儿年龄特点等方面进行讨论、试玩,最终对这些资源进行筛选、整合利用。与"1 资源 N 课程导图"的扩散思维相比,"1 课程 N 资源导图"中幼儿聚焦于一个课程活动去寻找各种资源,体现出幼儿思维的目的性。

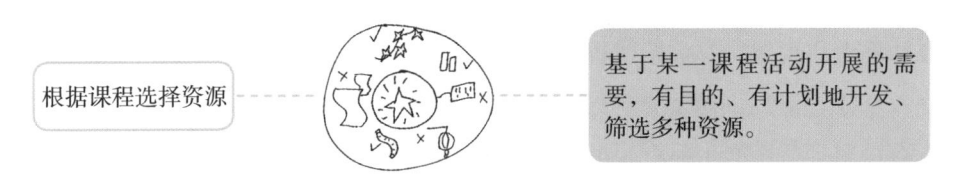

根据课程选择资源 —— 基于某一课程活动开展的需要,有目的、有计划地开发、筛选多种资源。

1 课程 N 资源导图

第五个工具是"课程与资源整合利用导图"。在"1课程N资源导图"的基础上，如何将师幼共同收集到的资源进行最佳利用？教师不仅要思考每一个资源的价值，还需剖析各资源间的关联，形成"课程与资源整合利用导图"。因课程与资源的多样性，"课程与资源整合利用导图"按需设计，呈现的形式也应多样化。

第六个工具是"课程资源迭代图"，由师幼共同制作。这个工具在资源开发过程中，用于"资源内容"与其"对于儿童发展具备的意义"两个方面的梳理和调整。"课程资源迭代图"由4个圆圈组成，一个圆圈表示课程实施的一个阶段，直观、易懂。

以上这些课程资源开发的工具具备可视性、启发性、便捷性，可成为教师顺利开发课程资源的一大助力。

（1）可视性

在资源开发的过程中，"课程资源表"罗列出幼儿生活周围的资源、资源所在位置，"资源分析与课程构想表"则将资源可能生成的课程呈现给教师，让教师一目了然。三个导图和一个迭代图（"1资源N课程导图""1课程N资源导图""课程与资源整合利用导图""课程资源迭代图"），则将抽象的课程资源开发过程以图文的形式表现出来，直观可视，让教师轻松了解课程资源开发的流程与路径。

（2）启发性

"1资源N课程导图"可以向教师们展示：一种资源可能生发出多个课程活动或服务于多个课程活动，启发教师对幼儿周边的课程资源从多种角度展开思考和构想，有效拓展教师的思路。"1课程N资源导图"则引导教师围绕一个课程活动，搜集多种课程资源，并根据不同资源的特性和关联性进行整合运用，最大可能地服务于课程活动的开展。这些工具无论在开发活动前，还是在开发活动中，都对教师具有启发性与参考价值。

（3）便捷性

首先，"课程与资源整合利用导图"与"课程资源迭代图"不仅将课程资源的开发利用过程直观呈现出来，易于教师理解、操作，而且可以"借形创新"，即教师在资源开发的过程中，利用"课程资源迭代图"空表填充相应的内容，操作起来十分便捷。其次，"资源分析与课程构想表"推进路径明确，按照资源—活动—经验的路径，可清晰查看每种资源可能生成的活动、幼儿获得的经验，为教师提供直接的参考。

三、课程资源开发与利用的实施步骤

在开发利用幼儿生活中课程资源的过程中，教师要不断思考课程资源是什么，有哪些，可以怎样利用，基于儿童立场对资源的价值点进行系统分析、筛选开发、整合利用，并以课程生发推进的方式不断地探索与归纳。通过实践，我们总结出具有普遍意义的操作步骤，即资源开发、资源利用、资源检验三步骤，并通过课程资源开发工具、方法支持每个步骤的具体实施，从而提升资源开发和利用的质量。

（一）资源开发：用"课程资源表"与"1＋N"的方式寻找生活中的资源

生活中蕴含着各种学习的契机。在资源开发阶段，教师与幼儿作为资源开发的双主体，对资源进行捕捉，对可能生发的课程进行构想，初步建立资源框架。一方面，教师作为资源开发的主体，通过捕捉幼儿一日生活中的现象、事物、文化等，分析哪些是幼儿感兴趣的、有益的资源，幼儿可能会如何与这些资源互动，我们期待幼儿实现什么样的发展。比如，幼儿园和小区中多种多样的动植物有助于引发幼儿的探索兴趣；大象群迁徙这样的新鲜事有助于引导幼儿关注生活中发生的事情。做好课程资源价值审议工作，形成生活课程资源库。另一方面，儿童作为重要主体参与到资源开发中来。他们从真实的生活中发现和寻找感兴趣的内容，根据自身的想法与资源展开互动，进而获得有意义的经验。当面对一个个新问题、新想法时，生活中的资源不仅为幼儿的学习和参与创造了条件，还引发了幼儿多种多样的想法，促使他们主动参与到能促进自身发展的活动中，并为其提供多样化的支持。

1. 教师通过"课程资源表"对资源进行梳理与价值辨析

如何将幼儿生活中的众多资源呈现得更加条理化、清晰化，是教师在开发课程资源的过程中需要面对的重要问题。现阶段，很多幼儿园还存在资源匮乏、资源开发不充分的问题，这些问题可能是由于资金有限，但更大可能是由于教师对一些问题存在认知偏差，比如：什么是有益的资源？这些资源是否具有引发幼儿有意义学习的可能性，是否能促进幼儿高质量的发展？因此，资源的挖掘和梳理显得尤为重要。首先，教师根据可能进入幼儿视域的人、事、物，利用"课程资源表"进行搜集和细化。"课程资源表"中"物力资源""人力资源""事件资源"三个栏目，支持教师对幼儿生活中的资源进行"地毯式"搜集，并进行相应的分类。

其次，教师基于幼儿的发展目标对"课程资源表"中的资源进行价值辨析，分析这些资源是否具有生发课程内容的可能，预设可能生发的课程内容，形成"资源分析与课程构想表"。这是对已有课程资源的一种筛选、梳理，也是对未来课程走向的把握。通过课程构想反复推敲怎样让课程更有意义地生长，让课程方向更明确，目标更科学、合理，路径更符合孩子的需求。如教师在考察社区时发现，社区地形中有的地势平坦，有的是有一定坡度的斜坡，空间布局丰富，基于幼儿的想法和社区环境资源，提出"微型马拉松"的课程构想。而且，随着课程的进一步开展，不同内容的资源不断进入视野，教师持续开发周边的多种资源为"微型马拉松"课程助力。

需要强调的是，教师预设的课程仅作为资源库以备参考，具体课程的实施还需要关照幼儿的真实兴趣和需要。同时，课程资源开发应贯穿课程开展的全过程，开发的时机、过程是动态变化的，表格内容应根据幼儿的兴趣与活动开展的需要进行相应的调整。

课程资源表（园区）

资源类别		资源信息	
物力资源	园区环境	草坪	共有两处，一处有一定坡度，一处较为宽阔平坦
		塑胶地	道路，幼儿做操的主要场所
		水池	鹅卵石铺底，水池上有一座小桥
		小花园	小花园内有草皮覆盖，种植乔木、灌木、花卉等
		气候特征	阳光充沛
	动植物	植物	桃树、梨树、桂花树、银杏树等
		动物	饲养芦丁鸡、兔子
			小虫子、蚂蚁、蝴蝶、小蝌蚪等
	设施设备和材料	户外大型器械	滑梯、荡桥等，分布在大操场、小花园
		保健室	位于门口，主要业务是呵护幼儿健康
		警务室	位于门口，主要业务是保障园内师生安全
		垃圾回收站	在园内设有班级垃圾回收桶、户外垃圾桶、一米菜地厨余垃圾堆肥桶
		建筑物	房屋建筑，有多个功能室和班级
		滑梯	有三处滑梯，分别在不同楼梯之间
		户外材料	户外建筑材料、户外运动材料等
人力资源		家长	从事各种职业
		教师	与幼儿共同生活、游戏
		同伴	与幼儿共同生活、游戏
		保安	负责园区安全，早晚在门口值班，日常进行巡逻
		保洁员	负责园区卫生，定时进行卫生清扫

续表

资源类别	资源信息	
	保健医生	负责幼儿保健、应急事件处理
	厨房人员	负责幼儿饮食，制作一餐两点
事件资源	热点事件	兔子逃跑了，今年紫藤不开花等
	节日	传统节日、特殊节日、园内节日（花草节、创客节）
	在园生活事件	吃喝拉撒睡、争抢玩具等事件……

资源分析与课程构想表（园区）

资源类别		资源信息	价值分析	可能生发的课程
物力资源	园区环境	草坪	1. 进行户外运动，发展幼儿运动能力。 2. 创造条件和机会进行游戏，促进幼儿交往能力、问题解决能力等。 3. 便于幼儿了解气候特征，感受天气对生活和活动的影响。 4. 在自然现象中积累幼儿的有益经验和感性认知。	艺术创想 绵绵和邦邦 藏宝寻宝小侦探 小水池的故事 小勇士挑战赛
		塑胶地		
		水池		
		小花园		
		气候特征		
	动植物	植物	1. 引导幼儿观察动植物的生长与变化，在养护过程中亲近动植物、探究动植物。 2. 促进幼儿了解动植物的外形特征、习性与生存环境。	生态种植 番茄成长记 植物里的五颜六色 你好芦丁鸡 兔兔真可爱
		动物		
	设施设备和材料	户外大型器械	1. 满足幼儿的群体生活需求，使幼儿更好适应幼儿园生活。 2. 让幼儿了解幼儿园服务机构，感受保健室、警务室给大家提供的保护和服务。	星星屋改造 搬过来搬过去 木木真好玩 布艺小街 吐司大变身 面团变身
		保健室		
		警务室		
		垃圾回收站		
		建筑物		
		滑梯		

续表

资源类别	资源信息	价值分析	可能生发的课程
人力资源	家长 教师 同伴 保安 保洁员 保健医生 厨房人员	1. 师幼互动，引导与支持幼儿在园学习、游戏、生活。 2. 让幼儿在与同伴相处中，体会交往和合作的乐趣。 3. 在适应群体生活的过程中，幼儿感受到与不同人员共同生活的乐趣，使幼儿喜欢上幼儿园。	国王的一天 我好爱好爱你 毕业季 好朋友 我能和你一起玩吗 嘿，你好呀
事件资源	热点事件 节日 在园生活事件	1. 幼儿能关注园内发生的事情，提出自己的看法和意见。 2. 鼓励幼儿积极参加节日活动，体会群体活动的乐趣。 3. 结合生活实际对幼儿进行安全教育和文明教育，形成良好的生活与卫生习惯。 4. 激发幼儿喜欢所在的幼儿园和班级的情感。 5. 结合具体情境，指导幼儿学习交往的基本规则，能与同伴友好相处。 6. 在良好的幼儿园文化熏陶中，形成基本的认同感和归属感。	花草节小创客 幔帐戏开演了 挑战黑夜 我不是懒孩子 毕业季 小手真干净

除了开发园区资源，教师还可以利用此表对社区资源进行盘点和课程构想。对以幼儿园为中心，三公里左右直径的社区范围内的资源进行实地勘察和调研，对幼儿园附近的机构、生态环境等社区资源进行统筹，促进其转化为课程资源。

课程资源表（社区）

资源类别			资源信息
物力资源	地理环境	五福公园	五福公园有道路、流水、绿植造景等优美的人造公园景观
		三馆合一广场	广阔的广场、独特的三馆建筑、游乐设施等，形成空阔的活动区
		家乡自然景观	十二个自然村，其中廉村是历史悠久的古村落，有古城墙、古码头、古屋、古树等
		中建小区楼盘	具有城市特色的小区楼盘建筑群
	动植物	常见植物	五福公园花草、绿植，农村古树
		当地瓜果及其他农作物	橙子、橘子、葡萄、芋头、水稻等
		家禽家畜	鸡、鸭、鹅、猪、牛、狗、鸽子等
	设施设备	幸福里超市	生活用品种类丰富
		三馆环岛路	共6个车道，路面宽敞，绿植丰富
		公交车站	有5个站点，供人们乘坐公交车
		建筑物	古屋建筑、宗祠、明月祠等，薛令之雕像
人力资源		家长	不同职业的家长
		同伴	班级同伴、幼儿园内的同伴、不同村庄的同伴
		社会各职业人员	经商人员、服务行业人员、农民等
事件资源		热点事件	公园的鱼被野猫吃了、科技馆开张了、宋朝不夜城活动等
		传统民俗节日	传统节日、特殊节日（赶集日）等

资源分析与课程构想表（社区）

资源类别		资源信息	价值分析	可能生发的课程
物力资源	地理环境	五福公园	1. 利用地理环境组织生活与学习活动，如和幼儿走进五福公园、三馆合一广场、十二个自然村、中建小区楼盘等，开展户外运动、探春、秋游等活动。引导幼儿学会观察周围环境，进行适宜的运动和游戏。 2. 引导幼儿喜欢自然界中美的事物，关注其色彩、形态等。 3. 结合家乡古村落的地理位置、古代建筑、历史故事，引导幼儿了解古村落的历史、文化和建筑特点，促进其对家乡的认知，激发爱家乡的情感。 4. 充分感知和体验天气对生活和活动的影响。 5. 丰富幼儿识别空间方位的经验，运用空间方位解决生活中的问题。	十二个自然村探春之旅 十二个自然村美景打卡 廉村探秘 廉文化体验日 古村剪影 家乡童谣 野外美食制作 万物皆可野 五福马拉松 最美一角 中建楼盘大搜寻
		三馆合一广场		
		家乡自然景观		
		中建小区楼盘		
	动植物	常见植物	1. 农村动物资源丰富多样，充分利用家禽家畜等动物，引导幼儿观察和发现动物的外形特征、习性及生存环境等。 2. 植物"量"和"数"的特征明显，有助于幼儿直接感知和理解。 3. 结合附近种植的农作物的名称、外形特征，促进幼儿对农作物的感知、理解。	鸭鸭、鸡鸡养殖记 农产品大搜罗 动植物鉴赏图鉴 水果啪啪秀
		当地瓜果及其他农作物		
		家禽家畜		

续表

资源类别		资源信息	价值分析	可能生发的课程
设施设备		幸福里超市	1.能正确认识生活中的设施设备，了解其满足个体生活或生存需求的特点，使幼儿具备一定生存能力，更好地适应社区生活。 2.利用或创造机会，帮助幼儿了解与自己关系密切的社会服务机构，体会这些机构给大家提供的服务和便利。 3.结合社会公共生活实际，帮助幼儿了解基本行为规则和生活规则。	今日我当家 小导游日记 趣探公交站 三馆帐篷节
		三馆环岛路		
		公交车站		
		建筑物		
人力资源		家长	1.适应新的人际关系，结合具体情境，学习与不同人员交往的基本规则和技能。 2.了解不同职业的特征及其工作内容，懂得尊重工作人员的劳动，珍惜劳动成果。 3.利用家长资源，进行家园共育。	爸爸妈妈，好爱你们 100种欢迎仪式 趣味招呼 生活职业体验场 亲子生日趴
		同伴		
		社会各职业人员		
事件资源		热点事件	1.围绕社区中的热点事件，鼓励幼儿参加群体性活动，体会群体活动的乐趣。 2.在良好的社区文化熏陶中，形成基本的认同感和归属感。	欢乐民俗节 乡野农耕 丰收节 趣赶集
		传统民俗节日		

2.教师引导幼儿以"1+N"的方式捕捉资源

在以儿童为本的理念支持下，在盘点资源的基础上，我们从幼儿的兴趣与问题出发，形成课程内容网，并引导幼儿以自己的方式去捕捉资源，使幼儿作为课程的重要主体加入到课程资源开发的过程中来，师幼一起努力，为满足课程开展与实施需要提供多样化的资源支持。下面的"资源开发导图"呈现师幼共同寻找资源的过程。

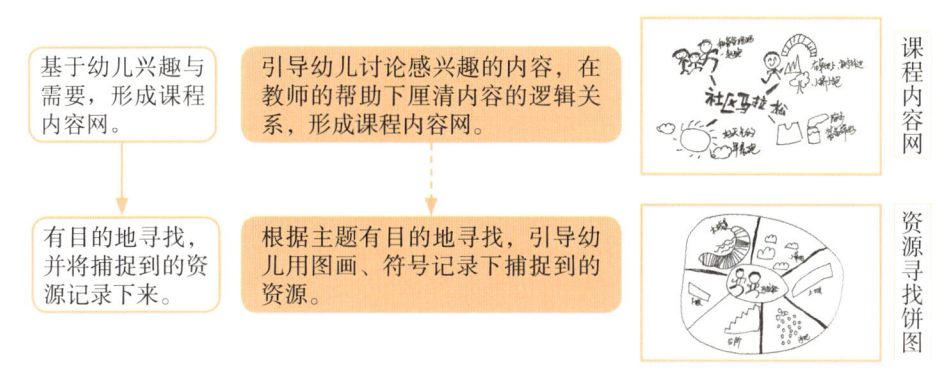

基于幼儿兴趣与需要，形成课程内容网。	引导幼儿讨论感兴趣的内容，在教师的帮助下厘清内容的逻辑关系，形成课程内容网。	课程内容网
有目的地寻找，并将捕捉到的资源记录下来。	根据主题有目的地寻找，引导幼儿用图画、符号记录下捕捉到的资源。	资源寻找饼图

资源开发导图

根据幼儿的学习特征，我们提出"1＋N"的资源开发路径。"1＋N"包含两条路径：第一条路径，基于1种资源生成N个课程；第二条路径，围绕1个课程开发出N种资源。第一条路径是围绕人力、物力或事件的资源，关联出多个课程，第二条路径是围绕某一个课程，联合开发出各种资源。

路径1：基于1种资源生成N个课程。幼儿对同一个场域、同一个材料、同一件事可能生发的关注点不一样，因而生发的课程也不一样，因此一种资源可能生发出N个课程。如：启发幼儿对生活中某一对象进行创想：

——你们想在紫藤花架下玩什么？怎么玩？

——听音乐、看书、看星星……

"紫藤花架"这一场地资源引发了幼儿的多种创想，有利于教师发现幼儿的真实需求，真正从孩子的角度产生话题。再如，幼儿在小区中发现有一处小山坡，经过实地观察、讨论，他们想要在小山坡玩滑草、玩山坡滚物、玩爬坡游戏等。

儿童从他们的视角出发，对玩法进行构想和预设，这些想法都是基于他们的主观想法与生活经验,是否能实现还需教师的进一步辨析。如上例,对于幼儿对小山坡提出的多种构想,教师进行资源解读,分析资源所蕴含的教育价值与促进幼儿发展的可能,经过调查、讨论,确定小山坡有一定坡度、草皮柔软、覆盖面广,适宜开展"滑草"课程。

为帮助幼儿梳理多种多样的话题内容,师幼可通过"1资源N课程导图"进行记录,外化幼儿的思考,同时,帮助教师从这些信息中提取关键内容作为课程内容。

路径2:围绕1个课程开发出N种资源。在课程开展的过程中,幼儿常会产生更多的探索与游戏需求,因而需要开发、整合多种资源,去支持幼儿的探索、合作、交流和表达。如在"微型马拉松"课程中,孩子们觉得只在平坦的道路上奔跑很无趣、缺乏挑战性,经过实地调查与讨论,他们计划下一步要在小桥上跑,在石子路上跑,绕着广场跑,设置障碍跑,甚至邀请爸爸妈妈一起进行亲子马拉松比赛。教师经过调查、讨论,最终确定将这些场地串联起来,形成"微型马拉松"路线。在此过程中,师幼围绕一种课程整合利用了多种场地资源、物力资源、人力资源等,为课程增添了更多趣味性与层次性。

教师可以与幼儿讨论他们的想法和所需环境、材料,引导幼儿关注资源、验证资源的适切性,引发幼儿更多思考。如在"微型马拉松"课程中,幼儿提出在水池边跑、在停车场跑,这些场地存在危险性,与课程不适配,教师就需要与幼儿讨论,选择更加合适的资源。

师幼可通过"1课程N资源导图"呈现幼儿围绕主题寻找的资源素材,分析对比资源的特征,注重课程与资源的适配性,逐步厘清可用资源。

(二)资源利用:"课程与资源整合利用导图"支持课程与资源的匹配

在资源利用阶段,教师应建立资源利用服务于课程开展的意识,将专注点从"资源如何用"转向"幼儿怎么学"。以幼儿发展为导向,以课程为载体,根据课程开展的需要,制订资源整合使用计划,充分利用一切可利用的资源进行统筹安排,提高资源的使用率和成效,将其转化为课程的要素,实现"资源—活动—经验"的转换,帮助幼儿获得有益于生长和生活的经验。

整合利用资源的方式主要有两种,第一种是以幼儿发展为导向,从儿童经验看待课程资源,探索多种资源与幼儿的互动形式,引导新旧资源的有序融合,使资源与儿童经验建立联结,促进幼儿的学习与发展。利用课程资源不仅仅是资源被整合利用的过程,更是儿童经验不断得到丰富的过程。教师利用资源的目的,是在课程资源开发和利用的过程中,不断丰富幼儿对周围世界的认知。如开展社群活动把社区场地资源、人力资源进行综合运用,帮助幼儿更好地适应社区生活,体会群体活动的乐趣,形成归属感。再如"巧设爱心小铺"活动中,幼儿把情绪故事通过摆展、展播等方式进行交流,充分利用情感挫折的典型案例,巧设场景促进交流,激发幼儿积极的思考及与他人的共情等。

第二种是关注资源之间的关联度,将关联度较紧密的资源集中呈现,整合开发,形成高关联度资源网,通过精准有效的资源配置,激发课程实施活力。以往,教师对资源的利用缺乏整体规划、全盘思考的意识和能力,主要表现为:资源利用较为随意、孤立,资源之间没有进行联合利用,呈碎片化,缺少统整的系统化思考。因此,教师应从完整架构课程的立场出发,整体规划幼儿生活中的资源,关注资源的重复、交叉使用,对资源进行整合与优化。如打通种养生态圈:幼儿园的"一米菜地""植物角""动物养护房""宝贝厨房"等资源之间密切关联,通过探索资源与幼儿的互动形式,教师发现"一米菜地"中种植的植物与"动物养护房""宝贝厨房"产生关联,而"宝贝厨房"产生的厨余垃圾又能回归"一米菜地",通过与幼儿学习方式相匹配的资源整合与利用,逐步形成高关联度资源网。

在资源利用的过程中，借助导图帮助教师梳理幼儿发展、课程内容、资源利用三者之间的关系，思考资源的整合使用方式，为资源的优化作好铺垫，示例见下图。

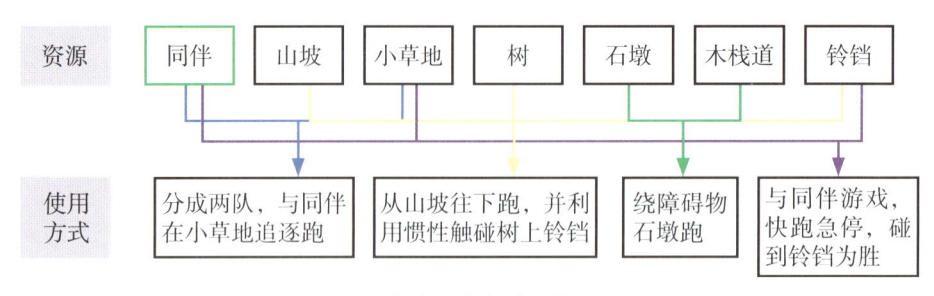

资源	同伴	山坡	小草地	树	石墩	木栈道	铃铛

使用方式	分成两队，与同伴在小草地追逐跑	从山坡往下跑，并利用惯性触碰树上铃铛	绕障碍物石墩跑	与同伴游戏，快跑急停，碰到铃铛为胜

课程与资源整合利用导图

将关联度较紧密的资源集中呈现时，尝试通过导图呈现不同资源之间的关系，帮助教师理清资源之间的内在关系，示例见下图。

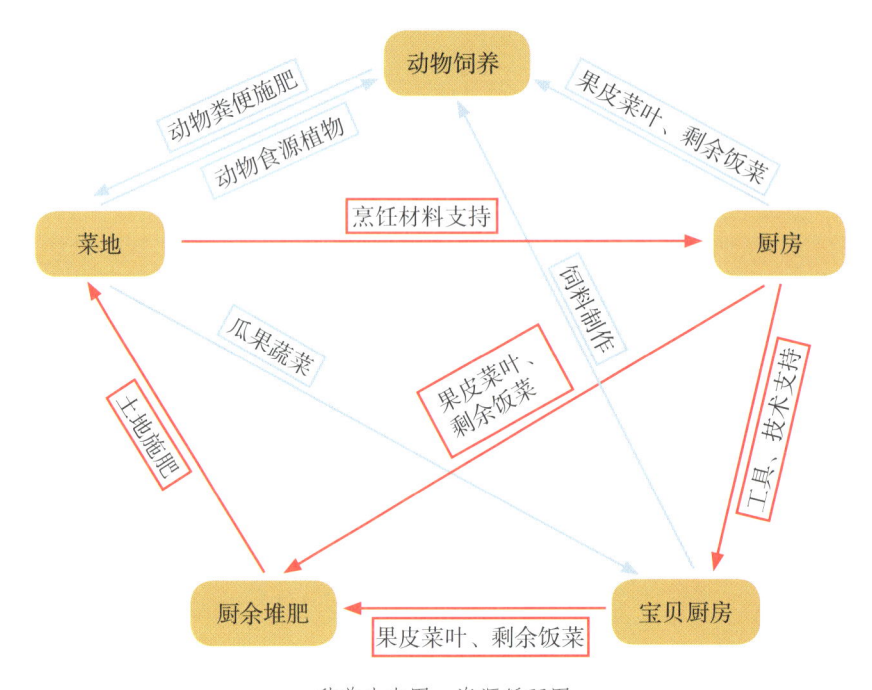

种养生态圈——资源循环图

在课程实施过程中，资源呈现动态、创新、再生的特点，教师在利用课程资源的时候，应保持动态修正的心态，并作出调整和优化以适应课程发展的需要，而不是一成不变地利用某个资源。在资源投放之后，给予充分的时间让幼儿与资源接触，同时注意观察幼儿对资源的反应，根据幼儿的反应再决定以何种方式开展接下来的活动，可通过调整、增加或删减一定内容的方式进行资源优化。在条件适宜的前提下，通过不同组合、整合的方式利用资源，会给课程发展带来不一样的效果。

（三）资源检验："三会三册"促进资源内容和意义的迭代

在开发利用幼儿园课程资源时，还必须运用多种形式，持续跟踪资源开发利用的全过程，科学评价开发利用行为的科学性与有效性。在课程发展过程中，教师与幼儿根据课程开展需要来反思与检验资源的开发利用行为，以保证资源开发利用过程能与幼儿发展目标、教师课程实施达成契合。

教师作为资源检验的主体，通过"三会"即"多方辩论会、动态漫聊会、日记研习趴"检验资源开发利用成效，适时运用教研力量，动态调整资源开发利用的方式。通过多方辩论会，了解幼儿、家长、教师多方对于课程与资源的想法，帮助教师寻找资源价值取向与幼儿兴趣主体的平衡点；通过动态漫聊会对课程进行审议，发现幼儿的学习与发展过程中可能出现的问题，解读幼儿对资源的需求，优化资源的内容及数量，提升课程开展的有效性；当教师与幼儿的视角相左时，则通过日记研习趴，翻看"三册"解读幼儿的行为，使得教师共情孩子的感受，更好地站在孩子的角度去发现他们对于资源的真实需求，从而优化资源。

为了使教师能更好地站在孩子的角度去验证孩子对于资源的真实想法，在课程实施中，师幼通过共同翻看"三册"回顾学习轨迹。"三册"即幼儿的生活随记、游戏日记、经验手册。生活随记，幼儿用绘画的方式记录自己的生活，表达在生活中产生的情感体验；游戏日记，反映游戏现场的实况，用以发现问题、改进计划、调整资源、验证设想；经验手册，归纳、总结、提炼课程实施过程中幼儿的游戏经验，形成可推广的经验指南。共同翻看"三册"，可以帮助教师聚焦问题，反思资源开发的有效性，动态了解资源与课程关键事件、幼儿学习发展的关系，及时安排和调整资源内容，动态了解资源对幼儿经验获得的影响、对触发幼儿积极情感的作用，通过实践检验，让师幼更加自信地进行资源开发，有效推进课程实施。

每一位教师都是资源开发与利用的实践者，随着课程实践的不断深入，教师们对于课程资源的内涵和操作方法都有了较为深刻的理解，但也出现了新的困惑：现在很多班本课程活动生成比较多，资源内容应如何进行调整？资源调整后对儿童的发展又有哪些意义呢？为了提升全体教师的独立思考和执行能力，教研团队设计了"课程资源迭代图"。通过内容与意义的标注记录，用简单的文字并结合符号，将课程实施过程中的资源内容与意义用环形迭代的形式标注出来。使用这种记录方式，帮助教师将资源的开发与利用脉络清晰地呈现出来。在每一个课程开发过程中使用课程资源迭代图，教师们自然而然地就会形成资源内容与意义迭代的思考方式，对资源的开发利用进行深度思考，在举一反三的过程中一通百通（课程资源迭代图见第102页）。

课程资源迭代图绘制说明：

1. 绘制桥式图空表

在 Word 中插入—形状—圆形，在左边绘制出 4 个直径不等的圆，将四个圆形按照直径大小依次叠放，一个圆圈表示课程实施的一个阶段，用作"内容迭代"使用；右边用相同的方法绘制出 4 个圆，用作"意义迭代"使用；中间用弧形线条连接，用作活动开展阶段的书写。

2. 内容填充

随着课程的实施，教师与幼儿在不同阶段共同用符号、图表、文字填充资源内容与资源意义。在"内容迭代"项目的填充上，教师将不同阶段搜集的资源按照类别采取符号标记与文字书写的方式记录到不同阶段的圆形中，为了区别资源种类，可以用不同类别资源的音序来命名，即：物质资源——W，人力资源——R，事件资源——S，在音序后加上文字说明具体的资源信息；幼儿则用绘图的方式在圆形中记录课程实施不同阶段的资源内容。在"意义迭代"项目的填充上，幼儿用绘图表达对资源的看法，教师结合对幼儿的观察，用文字梳理资源在不同阶段的意义。

如果课程实施多于或少于4次，教师可自行删减或增加圆圈以匹配。

第二章
课程资源开发与利用的实践意义

在生活中寻找和发现课程资源,将课程内容根植于现实生活,使幼儿、教师、课程三者都获得量与质的改变与提升。在资源开发利用的过程中,幼儿学会用多元形式表现学习与游戏活动,学会梳理、提炼、探究活动中的收获,充分感受生活美、生活趣、生活智;在"资源—活动—经验"转换的过程中,教师运用更灵活、更积极、更具操作性的策略捕捉资源、辨析价值、架构课程、实施课程,教师的专业能力显而易见地得到提升;关注生活中的资源,让生活成为课程的生发地,也就是让幼儿园的课程来源于幼儿身边的人、事、物,使他们关注到身边的人与人、人与自然、人与社会的关系,师幼共同架构出能够滋养幼儿成长的鲜活课程。

一、对儿童成长的意义

(一)爱生活的情感启蒙

通过开发和利用幼儿生活中的资源与幼儿共同构建课程,特别是师幼对人、事物、事件背后的关系、态度、情感等资源加以挖掘之后,幼儿得以充分体验生活实践,充分感受自己与他人的情绪交流和共情体验,对周围事物也赋予了丰富的情感。这些生活实践不仅能唤醒幼儿爱的本能，发展丰富的情感，体会人与人之间温暖共存的美，而且能感受情感表达的积极体验，形成对生活的积极态度。生发于生活的课程可以引导幼儿萌发爱生活的情感，乐于与家人怀着特别的心情体味生活的美好，让幼儿得到归属感和价值感。师幼共同开发的生活课程可以让幼儿对生活充满好奇，充满乐趣，使幼儿乐于调动经验和运用材料来解决问题，感受自身在解决问题中的力量与智慧。

（二）会生活的能力培养

在对生活中事物资源的开发利用中，幼儿勇于实践，发现并发挥自身优势，以自己和同伴的力量实现对生活的创造、展现与向往。幼儿对周边环境进行探究，理解和改善自身与生活中人、事、物之间的关系，发展幼儿的社交和生活技能。在多种多样的课程活动中，幼儿的生活自理、劳作服务、社会适应、问题解决等方面的能力也会得到提升。

（三）善生活的态度转变

在生活中生发的课程活动能够帮助幼儿"睁眼"看原本熟悉的世界，发现许多有意思的、新鲜的"陌生"事物，激发他们对生活的好奇心。幼儿对周围的人、事、物有了强烈的探究愿望，促使幼儿由被动、模糊的认知转变为有意识的观察、记录、思考，在小事中自得其乐，积聚幸福体验。在生活资源的开发利用过程中，幼儿关注喜爱的、乐于探究的内容，以一种胜任的、舒适的方式去参与、探究、操作，在自由、自主的活动中获得自信品质，水到渠成地获得个体生命的滋养。

二、教师的收获

（一）对园区、社区的资源有更清晰的认识和价值辨析

教师对幼儿生活中的资源在空间、种类、范畴上有了全方位的认识，便

于教师全面思考这些资源对于幼儿园课程生发与推进的价值所在。同时，教师将视野从园内拓展到社区，从显性资源进一步深入到隐性的关系和情感资源，并能按照"资源—资源类别—价值辨析—可能生成的活动"或"活动—资源类别—价值辨析"的途径思考资源与课程间的转化。

（二）不同经验的教师在运用资源上更加科学有效

因教师专业水平的差异，有的课程资源开发与利用的效果不尽如人意，要如何解决这个问题呢？在园区、社区资源的开发与利用中，教师们借助"课程资源表""资源分析与课程构想表"等开发工具，对课程资源进行全面思考，对课程资源的价值辨析能更加切合幼儿的兴趣与能力水平。这些开发工具可以辅助教师将资源梳理到课程转化间的各个环节，教师的操作内容与开发方向更加明确，思路更加清晰，课程资源的开发利用也更加科学有效。另外，课程资源开发工具可以提醒教师在资源转化为课程的每一个环节重视培育幼儿积极的情绪情感，对课程的生发点进行深度挖掘，达成显性资源与隐性资源的平衡，促进幼儿健康人格的形成，同时提升教师资源开发和利用的实践能力和专业反思力。

（三）进一步实现课程资源开发与利用中的儿童立场

秉持儿童立场是教师开发课程资源的基本态度。在运用开发工具进行课程资源开发时，教师引导幼儿根据一种资源进行创想、筛选，对活动需求与资源的匹配进行梳理，或围绕一个课程开展中幼儿的需求整合使用 N 种资源，都以儿童的成长为核心。透过幼儿在活动中的行为与呈现的各类图表，教师可以更加细致深入地了解到幼儿对于资源的设想与课程开展中的需求。这种全然围绕幼儿来思考的开发方式，充分体现了课程资源开发与利用中的儿童立场。

三、对课程转变的意义

（一）突出了资源背后关系的精神意义

课程的内容不仅有幼儿对显性物质的探索、认知，更有幼儿在活动中与人、与物的关系，如围绕同伴间、师幼间的情感产生的关系资源，以及对热点的、有关注度的事件的感受与感想，强调资源背后关系的重要性与意义。教师在创设课程环境时，从提供纯粹的物质环境开始，进而思考精神环境的可能与价值，努力从单一显性的资源走向显隐性资源共存的开发与利用。

（二）通过前中后的课程资源审议，促使课程与资源的关系更加密切

在课程开发前期，召开资源讨论会，通过对资源的"现场勘察—资源解读—价值分析"，对资源进行盘点，形成"课程资源表"，对资源转化可能生成的课程内容进行架构。在课程开展的中期根据需要不定期开展资源动态调整讨论会，根据课程开展需要有针对性地优化资源，调整资源的内容及数量，使课程资源更加有效助推课程发展。在课程总结阶段的课程交流会中，教师以课程故事的形式来梳理、总结资源开发利用过程中的策略与得失，针对资源开发的成效进行审议。通过课程开发前、中、后期密切的课程审议，教师能够及时审视资源转化活动的可能性及适宜的途径，也能够察觉课程开展过程中对于新资源的需求或多种资源的优化整合，课程与资源频繁的交互显而易见地提升了课程资源开发的效益。

（三）构建了基本框架，确立课程资源开发利用的抓手

在课程资源开发活动中，我们确定了教师与幼儿是资源开发的双主体，同时对资源进行捕捉与开发，对可能生发的课程进行构想，初步建立资源框架。教师作为资源开发的重要主体，拓展资源开发的视域，空间上包括园内、社区，类别上包括人、事、物，从幼儿生活中捕捉幼儿感兴趣且有趣有价值

的内容；分析哪些可以成为课程资源，在此过程中创生出开发工具"课程资源表""课程资源迭代图"，成为教师在资源开发利用时的有力抓手；在课题研究过程中，确立了前、中、后期审议制度，对课程资源的开发保驾护航。幼儿作为资源开发利用的另一主体，以"1＋N"的方式参加课程资源的开发利用过程，并通过开展课程活动验证资源的适切性。

第三章
课程资源开发与利用的策略

一、课程资源的寻找

通往生活的那扇门一打开,欢乐便涌了进来。

孩子们来到一片草地上,急切地四下散开,相互间兴奋地呼叫着。

"快看,快看,那里有一条小溪。"

"哇,这里有鱼,还有小虾。"

"鸽子,鸽子,这个广场还可以喂鸽子呢!"

"这个长颈鹿的雕像怎么这么高啊!你知道它有多高吗?"

……

这是一群中班的孩子,来到幼儿园附近的生活小区参加半日的小区户外活动体验。孩子们好奇地探索着每一处角落。爬树、挖土、荡起高高的秋千,在草地上喂鸽子,玩躲猫猫,猜测着长颈鹿的身高……

随行的老师注视着这一切并窃喜,原来孩子们对长颈鹿的身高这么好奇,怎样才能得到答案呢?回到班级开展谈话时,孩子们提出了很多设想:"找一根比长颈鹿还要高的管子。""请保安叔叔搬个梯子爬上去量。""量一量它的影子行不行?"……聊着聊着,课程"给长颈鹿量身高"就这样产生了。

当孩子们对一个有价值的问题进行探究时,对生活的学习就开始了,这就是我们要寻找的课程资源。问题在这里，探究的环境在这里，孩子们可以自己去寻找答案，教师的引导使得孩子们的学习更加深入。生活中处处都是学习的场所，向万事万物去学习，孩子们会发现，生活原来这么有意思，怎么以前看不见呢？

自然资源、文化资源、事件资源等都是幼儿生活中可开发和利用的资源，教师可以通过趣味寻迹、生活漫聊、主题式采风等方式去寻找这些资源中可利用的价值点，再用适宜的方式捕捉课程萌芽阶段的切入口，通过深入了解幼儿的所思所想，逐步找到课程发展的脉络和问题，分析审议课程推进中适用的资源。

策略一：趣味寻迹

智慧缘起：

由幼儿自发游戏或偶发事件引发而产生课程活动主题后，师幼需要寻找适宜的场地、物力、人力等资源来支持活动的开展。寻找哪些资源及寻找的方式，不能单纯由教师推荐和给予，更不能纸上谈兵，而应采取趣味试玩的方式，让幼儿在真正的游戏中体验和考察场地、材料等资源的适宜性，考察选用的资源组合是否适宜，最后确定能有效支持课程开展的课程资源，这就是"趣味寻迹"。趣味寻迹既可让幼儿享受资源寻找过程的乐趣，培养幼儿有目的、有意义学习的习惯，又能让幼儿为即将开展的活动出谋划策，提升观察力和思辨能力。

策略说明：

在幼儿开展趣味寻迹前，师幼一起确定"我们要找什么""如何趣味地找"，即什么地方适合开展课程活动，需要找哪些材料，找到的场地和材料是否符合活动开展的需要，我们可以怎样验证它们的适宜性。这些问题，是趣味寻迹所要完成的任务。

之后，师幼在寻迹的场域，开放地观察周围的事物，对周边的场地、材料、工具等进行试玩，体验这些场地和材料等是否符合游戏的需要。在试玩后，幼儿以绘画的方式记录自己寻找到的课程资源，教师则对各种资源、信息进行价值分析，做出"资源分析与课程构想表"。

例如课程活动"藏宝寻宝"中，幼儿为玩藏宝游戏寻找藏宝点，他们来到草地上，觉得草地应该可以作为藏宝点，就将"宝物"藏在草丛里，并画好藏宝图让同伴寻找，但发现同伴找不到，因为"草地太大了，又不好区分左右"。接着，幼儿又来到小花园，将"宝物"藏在花坛里，并将画好的藏宝图交给同伴，"宝物"很快被找到，因为"花坛虽然很多，但可以数第几个，很好找"。再如，开展"滑草"游戏前，幼儿在草坡上试玩了两轮滑板与四轮滑板，发现四轮滑板更适合玩滑草游戏；教师经过对安全因素和四轮滑板数量的考察，最终确定用四轮滑板滑草，并与幼儿一起为滑板装上安全带。幼儿用边试玩边验证的方式来寻找游戏课程的资源，这过程本身就是一个十分有趣且令人愉悦的游戏。

随着课程活动的实施，游戏玩法更加丰富，探究活动进一步深入，幼儿需要再次寻找课程资源，也就需要开启第二次趣味寻迹。在趣味寻迹的过程中可能会出现一些小插曲，如幼儿为已确定的 A 游戏寻找合适的课程资源，但真正面对某一种材料或场地时，可能激起幼儿玩 B 游戏的兴致，由此生发出新游戏，即新的课程活动。

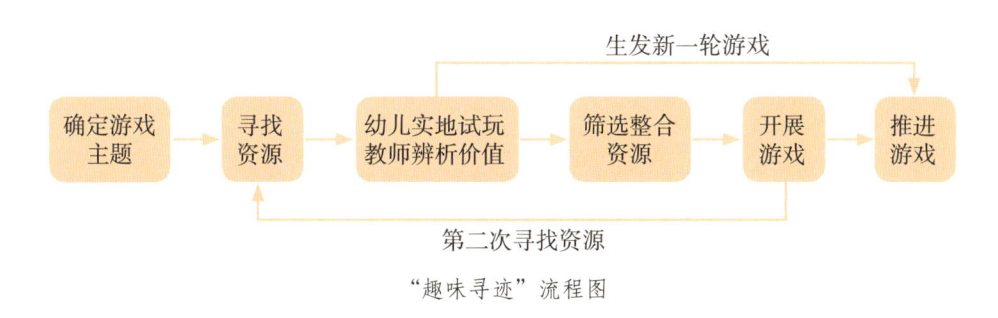

确定游戏主题 → 寻找资源 → 幼儿实地试玩 教师辨析价值 → 筛选整合资源 → 开展游戏 → 推进游戏

生发新一轮游戏

第二次寻找资源

"趣味寻迹"流程图

趣味寻迹更多地运用于为游戏寻找资源，它融合了教师与幼儿双视角来审视生活中的课程资源。幼儿基于他们的经验理解、兴趣意向，而教师则带着教育者的价值导向，既保证了幼儿的自主权，实践"只要是儿童自己能做的都让他们自己去做"的教育理论，又激发幼儿参与活动的内在动机。趣味寻迹是师幼寻找、开发资源最直接的途径。

策略二：生活漫聊

智慧缘起：

孩子们的生活总是充满欢声笑语，每天都有聊不完的趣事，他们常喜欢以两人私聊、小组趣聊、集体畅聊等形式分享生活中好玩、新奇的事。他们的话题可能是由幼儿引起的一些突然发生的偶发事件，或者是无明显目的的日常闲聊，还可能是由教师发起且带有目的性的趣聊，幼儿的兴趣点和关注点经常是教师们意想不到的。通过多种形式的生活漫聊，教师了解幼儿的所思所想，感受他们对生活的好奇与热爱，及时捕捉有价值的事件资源生发课程，因此，生活漫聊是教师寻找课程资源的主要方法之一。轻松、愉快的生活漫聊，能够让幼儿在与同伴、与成人的交往过程中，学会观察、乐于分享、愿意表达，促进社会性等多方面能力的发展。

策略说明：

在生活漫聊中，我们常以开放式的话题作为生发点，在集体畅聊中，让幼儿之间进行思维的交流与碰撞。可是，该如何在漫聊中寻找有教育价值的课程资源呢？什么样的话题才是值得我们深挖与讨论的呢？或许我们可以通过以下两种方式，去关注幼儿的兴趣与想法，了解幼儿对周围人、事、物资源的个性化认识，挖掘课程资源。

幼儿自发的畅聊话题可能是日常事件，也可能是偶发事件。当遇到幼儿三三两两凑在一起小声嘀咕时，教师不必着急制止，可以安静地倾听，适时介入，通过小组式的师幼互聊，寻找能产生不同意见的冲突话题，再以集体畅聊的方式，抛出问题引发思考，根据幼儿广泛的兴趣点判断教育价值，为生发课程做好前期调查。比如：当小班幼儿聊起男女卫生间的便池异同时，教师可以乘此时机加入话题，了解个别幼儿对性别的认知水平，并将话题拓展，引发集体畅聊，利用幼儿周边的人力资源（男孩子、女孩子）及物质资源，生发有关性别认知的课程。除了日常生活的话题，我们还会遇到许多偶发事件。对于偶发事件，每个幼儿的关注点很不一样，为此，我们可以对一些有趣的偶发事件展开讨论，及时抓住最佳漫聊时机，了解幼儿对这些事件的认知及情感态度，使有趣的偶发事件成为宝贵的课程资源。比如：孩子们发现幼儿园的小兔灰灰跑出来了，对这一偶发事件，孩子们纷纷讨论起来。幼儿自发畅聊对该事件的看法，教师则通过集体畅聊的方式，提出问题："兔子窝的门是关着的，灰灰为什么能跑出来？""灰灰会躲藏在哪里呢？"激发幼儿探索欲望，生发生活课程。

特定主题下的趣聊话题主要由教师发起。当教师发现幼儿生活中具有教育价值的事件，而幼儿并未关注时，教师便可以以漫聊的方式，引发幼儿对周边事件资源的兴趣和关注。比如：在散步时，教师发现了幼儿园里第一片变黄的银杏树叶，而孩子们却都未发觉，此时，便可立刻组织树下漫聊活动，在真实的情境下对比、感受银杏树叶的变化，提高幼儿的观察力，让幼儿发现生活中的"趣"与"美"。

在生活漫聊中，我们发现不管是幼儿自发的畅聊，还是教师引发的特定主题的趣聊，

偶发事件漫聊——"乌龟怎么不见了？"

话题的内容都应是幼儿生活中感兴趣的人、事、物。教师通过漫聊的方式，了解幼儿的认知水平、观察能力及情感态度，捕捉幼儿个性化的观点，从而帮助教师更加贴近幼儿看世界的视角，使教师基于儿童立场进行课程资源的开发与利用，实现课程资源意义的童性回归。

附表：

园区资源漫聊推荐表（示例）

推荐类型	推荐话题	推荐方式	资源信息	漫聊价值
幼儿自发的畅聊（偶发事件、自由闲聊）	兔子是怎么逃跑的？自然角的鱼为什么不见了？紫藤树为什么不开花？花生地为什么出现好多洞？为什么墙面会滴水？点心区为什么总有那么多的小蚂蚁？卫生间里靠墙的便池是谁用的？妞妞在卫生间为什么会滑倒？你吃过黑色的米饭吗？	两人私聊小组趣聊集体畅聊	自然资源：对动物活动的猜测；对植物生长情况的质疑；了解特殊气候对植物生长及人类生活环境的影响；动物的生活习性；植物的功效。物质资源：场地特征观察、监控调查；民族文化及本土民俗网络调查。人力资源：对同伴行为的猜测；询问保安、教师、园丁、本土文化传承人；认识我与同伴。	1. 关注生活中事物的变化，有强烈的好奇心和探究欲。2. 乐于思考现象背后的原因，在讨论、推理、反思中实现自我教育与转变。3. 学会寻求身边的人力、物质资源的帮助，尝试解决问题。4. 善于与同伴、成人交流，表达自己的想法。
特定主题的趣聊	花草节的商铺你们选择开在炮仗花架下，该怎么改造？怎样才能让星星屋里的灯防水呢？手偶表演动作很单一，怎么办？你们知道二十四节气都有什么不同吗？	小组趣聊集体畅聊	自然资源：植物在人们生活中的作用，如美感体验、遮阴蔽日等；对比不同节气的气温、降水等气候特点及动植物生长变化。物质资源：观察生活中的防水材料、装饰物等设施设备；传统节日习俗用品；	1. 能根据特定话题，联系生活经验，提出自己的猜想及方案。2. 能聚焦某一问题进行深入探讨，发散思维，通过质疑、辨析，寻找问题的答案。3. 学会调动身边的

续表

推荐类型	推荐话题	推荐方式	资源信息	漫聊价值
	春节都有哪些习俗？你们想办一场什么样的毕业典礼？六一儿童节你想怎么过？在太空舱里航天员的头发为什么会竖起来？		航天资讯网络调查。人力资源：请教手偶剧演员；向长辈询问传统习俗；了解从事航天职业的长辈和同伴的意见。事件资源：幼儿园特色节日活动；班级活动；航天、毕业季等热点事件；问题冲突。	自然、人力、物质资源，完成任务，解决问题。 4.对身边的热点事件感兴趣，培养敏锐的社会观察力。

策略三：主题式采风

智慧缘起：

采风是指文化人员以创作文艺作品、研究文化现象为目的采集有关社会生活和自然现象的活动。对于幼儿来说，为了激发创作灵感、丰富创作素材、拓展创作思维，用艺术手段对生活中的节日文化、非遗文化、建筑古迹等进行多元表现时，也需要像成年人那样走进民间生活中再次体验生活，收集故事、风俗习惯等，也需要观察访问、拍照写生等，对采风对象进行进一步研究，这就是主题式采风。

幼儿在生活漫聊、亲子周末郊游、研学的基础上，对某一个素材感兴趣，有要尝试创作的愿望，但第一次的体验不够系统，了解不够深入、全面，这时，就需要针对特别感兴趣的素材进行有计划的主题式采风。

策略说明：

教师呼应幼儿的生活经验、兴趣和需要，收集幼儿对社会生活和自然现象感兴趣的问题，根据问题组织幼儿讨论，充分倾听幼儿心声，确定采风主题。在采风前，教师与幼儿一起分析、了解采风内容，设计不同的采风方法，比如，什么样的文化资源适合选用观察访问的方法，什么样的文化资源需要拍照拍视频并回园开展二次讨论，哪些文化内容需要询问背后的故事……鼓励幼儿制订采风计划，对采风材料、参观攻略、采访问题等进行设想和规划，确定采风时间、采风地点、路线图、采访清单等。让每个幼儿感到被重视，有归属感，体会到自己是采风活动的主角。采风过程中，幼儿结合采风计划运用多种感官进行探索，运用绘画、拍照、家长协助文字记录等多种形式收集相关素材。

孩子们聆听廉村古民居的历史

孩子们了解官埔油扇的由来

采风回来之后，幼儿结合自己的采风记录单、素材资料等与同伴交流。师幼对主题采风结果进行交流、梳理，并通过回忆、查询资料等方式将采风经验进行拓展、补充、整理。教师与幼儿对感兴趣的自然资源、物质资源、人力资源、文化资源进行思考、分析，让课程资源不断浮出水面。对于教师来说，可通过观察、评价幼儿的采风表现，发现和挖掘资源的教育价值和课程资源的开发导向，构想文化资源与课程之间的联结，如人力资源与生活劳作游戏，事件资源与故事表演、制作绘本等。对于幼儿来说，可借助游戏、童谣创作、美术创作，把自己在采风中的所看所想进行个性化的资源筛选，把最具特点、最有共鸣的内容表现出来。同时，幼儿创作过程中也伴随着新问题的产生，针对新问题可能需要制订新一轮采风计划。这个过程，也让幼儿慢慢形成对文化资源的深入关注，培养质疑的习惯，学习分析、探究的思维方法。

主题式采风流程图

例如在对官埔油扇采风前，教师先收集幼儿对官埔油扇感兴趣的问题。

油扇的用处：官埔油扇有什么用？分开的扇骨有什么用？

油扇的制作：扇骨是用什么材料做的？扇骨怎么撑成均匀、整齐的形状？

怎么固定？油扇的纸那么硬，是什么材料做的？

油扇的装饰：官埔油扇的扇面装饰图案有哪些？叶子和花是怎么画的？

油扇的历史：官埔油扇产生在哪个朝代？是谁发明的？背后有哪些故事？

收集问题后，教师组织幼儿进行集体谈话，引导他们对感兴趣的问题进行深度探讨、分析，设计采风内容和方法。如关于油扇的用处和历史，可以通过观看传统文化资料视频或现场倾听工艺传承人的介绍来了解；关于油扇的制作和装饰，可以通过现场参观油扇工艺坊来了解。孩子们带着采风清单，走进官埔油扇制作坊，观看油扇制作过程，现场采访油扇工艺人，对感兴趣的问题进行询问和观察，丰富对官埔油扇文化的认知。

油扇工艺人向幼儿介绍扇骨的制作方法

采风后，教师以幼儿感兴趣的问题为导引，关注幼儿的行为与表现，追寻幼儿在采风活动中、活动后对官埔油扇所展示出来的思维、情感和经验，引导幼儿充分讨论、分享经验、拓展经验。对符合幼儿发展需求的课程资源进行挖掘，对幼儿感兴趣的物质资源（油扇的材料、油扇的制作工艺）、人力资源（油扇工艺人、生产劳作）、历史文化资源（油扇的传说、油扇的历史）等资源价值点进行分析和筛选，对课程发展方向进行设想，使官埔油扇文化与课程之间的联结逐渐呈现出来。如基于幼儿对官埔油扇的工艺制作感兴趣，设想幼儿版官埔油扇坊的生活体验活动；如基于幼儿发现官埔油扇背后的故事，设想绘制关于官埔油扇的绘本书活动；基于幼儿对扇面的美学设计感兴趣，设想进行扇面美术设计活动；基于幼儿对家乡文化的热爱情感，设想创编赞美油扇的诗句和创作官埔油扇的文创产品。这些课程设想有利于幼儿对原有文化资源进行传承、创新。

主题式采风既让幼儿参与实地调查周边民俗民风，了解历史典故以及传统文化等，又通过幼儿、家长、社会合力促进教师收集课程资源信息和素材，将幼儿熟悉的、易于理解的文化资源以幼儿感兴趣的方式引入幼儿园课程。

二、课程资源的整合

在找到恰当的课程资源后，如何将课程资源有效整合呢？首先，在具体实践中，应尽可能充分利用真实性较高的生活场景，满足幼儿的自主创造需求。如"改造微空间"支持孩子们把想法变成现实，场地资源在游戏改造的过程中焕发生机。其次，综合利用课程资源，搭建平台形成资源合力，孵化新的兴趣和探究方向。如"打通种养生态圈"里的饲养和劳作以及各种有待解决的种养问题都为课程资源的整合利用提供了可能。第三，让自然资源、文化资源活起来。如借助文创产品研发，在"趣赶花草集市""打造家乡文创馆"中展现孩子们对自然的创想，对家乡文化的热爱与传承，为孩子们架起一座沟通文化的桥梁，把对自然事物、对家乡的情感传递起来。

生活中的人、事、物并不是孤立存在的，而是以不同的方式产生联系。师幼也必然需要通过整合园内外各种有形、无形的资源，来开发课程活动，滋养幼儿成长。

策略一：打通种养生态圈

智慧缘起：

如今，几乎每个幼儿园都会有种植园、饲养角、宝贝厨房，这些地方的劳作体验极具生活味，蕴含着很多生活哲理和学习契机。厨房里每天产生厨余垃圾，如蔬果皮、蛋壳、不能食用的菜叶，把它们进行堆肥处理，可以为种植园提供肥料。饲养角小动物的饲养照料、宝贝厨房里的烘焙加工、种植园里的蔬果种植，倘若这些现场活动仅是孤立地各自开展，便错失了许多生活体验。如果打通壁垒整合资源，那么幼儿园里的种养生态圈就此产生，并能在真实情境下生发出许多有趣的生活体验。

策略说明：

将幼儿园厨房里利用堆肥处理方法制造的厨余堆肥收集起来，再进行熟成处理，形成熟成堆肥返还种植园；厨房里的果皮菜叶、种植园里的蔬果、宝贝厨房里加工的产品可以成为动物的饲料；动物饲养角收集的动物粪便可以送到种植园，用作有机肥改善土壤质量。厨房、宝贝厨房、种植园、动物饲养角各处协作，就可打开种养场所和食物加工的资源转换通道，构建起资源相互利用的种养生态圈。

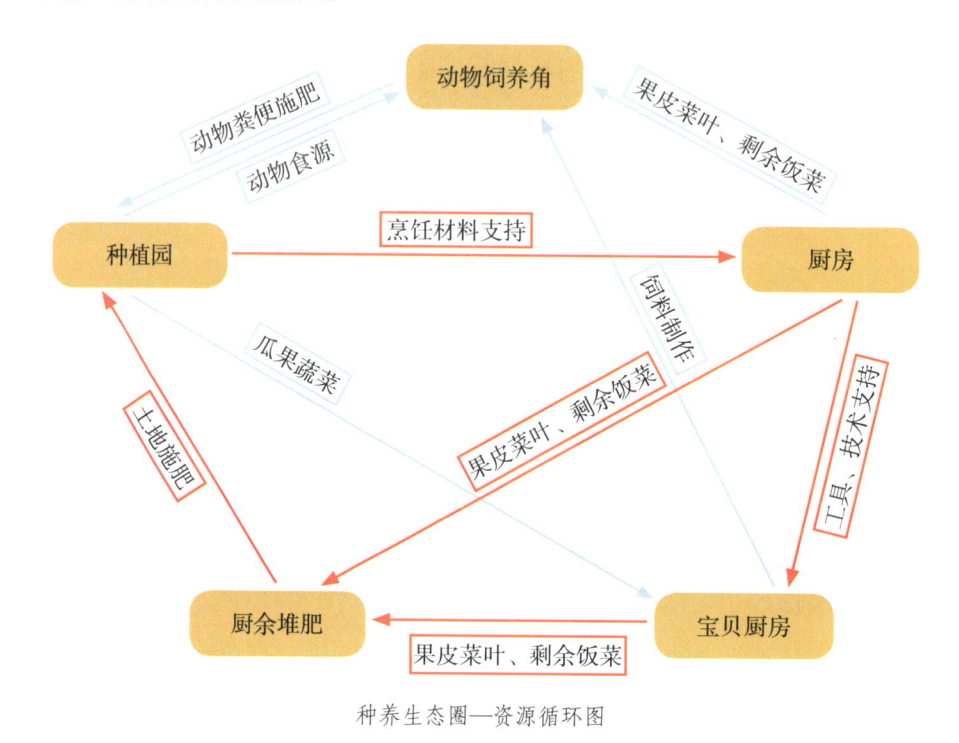

种养生态圈—资源循环图

在种养生态圈形成之前，教师要明确的是：在种养生态圈中的各个活动场所，孩子们可能会生成哪些活动？会产生哪些问题？会有哪些种养产出？各场所的哪些资源可能产生哪些联动？在决定饲养和种植的种类、设计宝贝厨房加工制作的内容、制定每周食谱时，可以进行统筹思考，整合其间可能产生的连接。

例如，餐点中的香蕉皮可以拉条、晒干，成为土壤堆肥的钾肥；橘子皮可以晒干制成陈皮，在宝贝厨房制作陈皮软糕；鸡蛋壳和虾头晒干、磨粉，成为土壤堆肥的磷肥；种植小麦草、提摩西草，给饲养的兔子提供鲜草，兔子的粪便晾晒后跟腐叶土混合，搅拌均匀后用来种菜。类似的活动，需要教师最大限度地开发和利用活动资源，如组织幼儿在每周五对下周食谱中可产生的厨余垃圾进行讨论，设计堆肥活动：安排哪些班级来帮厨，小组之间需要哪些配合，班级之间需要怎样接力，等等。同时，在种植过程中，教师引导幼儿观察蔬菜的生长需求，讨论制作所需有机肥料的原材料与方法。幼儿学习发酵式堆肥、暴晒堆肥、土堆肥、蚯蚓堆肥、波卡西堆肥、动物粪便混合堆肥等多种方法制作有机肥，增强土壤肥效。

如此反复讨论和实践，能够帮助幼儿积累丰富的劳作经验，建立资源循环再利用的整体资源观，有助于养成积极的生活态度，也有助于将各场所的资源进行最大限度的整合利用。

在教师的引导下，孩子们在种养生态圈中种植、收成、加工、利用，发现事物间生生不息的循环，充分感受生活中各种资源共生共享，并将这种认识逐渐延伸到生活中其他事物的整合利用上，建立起节能、节约的资源再利用观念。同时，在种养生态圈中，幼儿也会因为各类问题，如堆肥的技巧、美食制作的技巧、植物知识的学习等，不断产生新问题，这些问题又成为课程的新资源，引发幼儿进行新的探索活动。

收集兔子粪便制成有机肥

利用厨余垃圾进行堆肥　　　用肥料给种植角的植物施肥

策略二：改造微空间

智慧缘起：

孩子们的脑中充满了无尽的奇思妙想，他们的创造力如同星辰一般奇异闪耀。生活中，孩子们常常喜欢搭建一些主题场景，并通过想象为场景里的空间赋予不同功能，体验设计与改造的乐趣。但孩子们的创想和改造不应该只停留在假想或模型的操作，幼儿园应为幼儿参与真实改造提供生活场景和空间资源等。幼儿在真实场景和真实操作中遇到的问题都是真问题，需要幼儿调度人力资源、物质资源，通过经验交流，综合地看待问题和解决问题。如：黑暗—装灯—防水等这些问题链给改造带来很多生动体验。因此，要充分利用幼儿身边的空间资源，支持幼儿在真游戏中解决真问题，将想法变为现实，而不是特意假造一个空间，失去生发真问题的机会。

策略说明：

首先，利用游戏的需求，激发改造空间的需求，通过观察、判断身边的空间资源，制作因地制宜的微空间改造计划单。幼儿的改造活动并不是突发奇想的，一定是缘于某事件而产生的改造需求。当幼儿有了改造的需求，教师便可以引导幼儿对身边的空间场所进行调查，寻找需要改造的微空间，这个微空间可能是幼儿园已荒废的巴士车、拥挤的班级区角或光线昏暗的小花园。确定目标后，则可根据空间现有的条件，判断待改造空间的特质和游戏潜力，并按照幼儿已有经验思考各种困难及解决方案，从而制作真实且具有可操作性的微空间改造计划单。这个计划单主要通过整合调动人力、物质资源，进行改造前的可行性思考：要如何改造？改造的材料如何获取？幼儿园里有哪些资源可以为改造活动提供便利？等等。其实，可以改造的空间无处不在，只要根据游戏的需要大胆提出改造计划并付诸行动，将自己的想法变为现实就不再是纸上谈兵，而是真实的生活体验。

其次，综合利用多种课程资源实施改造，完成改造任务。我们可以在了解园内现有人、事、物资源的基础上，根据微空间的改造需求，发放"改造订单"，调动班级内区域、园内的木工坊以及迷你创客空间等课程资源，为微空间改造提供技术、物质、环境支持。然而，空间改造并不是一蹴而就的，在改造空间过程中，幼儿需要根据实际情况调整计划，对场地资源进行再思考，根据实际问题匹配不同的资源来支持改造活动。

幼儿园炮仗花架下有一块闲置的场地，孩子们进行实地考察后，根据炮仗花架下光线较暗的特点，深入探讨该场地可改造的游戏潜力，于是"影子放映室"成为了改造活动的主题。该如何遮阳呢？师幼讨论后，决定在木工坊定制支架，在迷你创客空间制作遮阳帘。可遮阳帘该怎么挂呢？孩子们尝试多次，发现自己完成不了，需要他人来助力。幼儿园里谁最高呢？此时，孩子们需要观察、分析周围人的特点，对身边的人力资源进行调配。最终，这块场地经过改造达到了不透光的效果。而后的影子放映设备、电子穿插设备、防水设备都在木工坊和迷你创客空间中定制完成。孩子们从兴趣与需要出发，面对炮仗花架下微空间改造中遇到的问题，能有效调动与整合生活中的多种资源，与同伴共同协商解决问题，满足了幼儿参与课程、体验真实生活的需要。

炮仗花架下场地与幼儿改造后的样子

当场地资源与游戏动机契合时，幼儿的游戏需求无限增大，场地改造的创造力也将无限增大。我们的"兔子小苑""乐玩坡道""口袋图书角"等微空间改造项目，在游戏需求的驱动下，激发了"小小改造师"更多灵动且有创意的设想，并为之付诸行动。幼儿主导的微空间改造活动，不仅为幼儿提供具有归属感和个性化的游戏空间，还能提升幸福感、获得感与安全感，使幼儿成为游戏与生活的小主人。

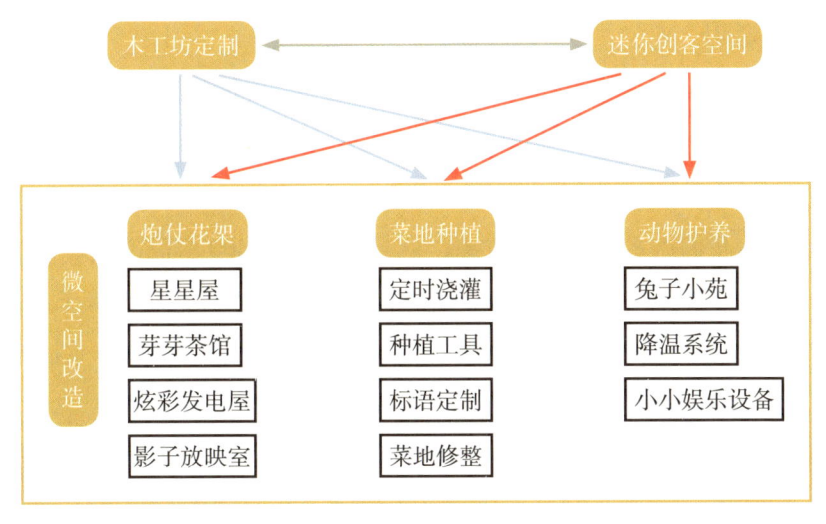

```
                  ┌──────────────┐         ┌──────────────┐
                  │  木工坊定制  │◄───────►│ 迷你创客空间 │
                  └──────────────┘         └──────────────┘

┌─────────────────────────────────────────────────────────────┐
│     ┌──────────┐      ┌──────────┐      ┌──────────┐        │
│ 微  │ 炮仗花架 │      │ 菜地种植 │      │ 动物护养 │        │
│ 空  └──────────┘      └──────────┘      └──────────┘        │
│ 间   │ 星星屋 │        │ 定时浇灌 │      │ 兔子小苑 │        │
│ 改   ├────────┤        ├──────────┤      ├──────────┤        │
│ 造   │芽芽茶馆│        │ 种植工具 │      │ 降温系统 │        │
│      ├────────┤        ├──────────┤      ├──────────┤        │
│      │炫彩发电屋│      │ 标语定制 │      │小小娱乐设备│      │
│      ├────────┤        ├──────────┤      └──────────┘        │
│      │影子放映室│      │ 菜地修整 │                          │
│      └────────┘        └──────────┘                          │
└─────────────────────────────────────────────────────────────┘
```

微空间改造示例

策略三：开展社群活动

智慧缘起：

社区是孩子们生活的重要场所，他们在这里会遇见很多熟人，会三五成群地聚在一起疯玩，或是借助篱笆树玩捉迷藏的游戏，或是在大草地上你追我赶。他们也会就某一个事物或现象展开热烈的讨论，或者神秘地告诉同伴角落中隐藏着带刺的叶子。家庭与家庭之间也经常相约在一起踏青、围炉煮茶、遛狗……熟悉的人、事、物带给孩子们的不只是安全感，还有多姿多彩的生活体验。如何最大限度地发挥社区资源优势，让幼儿回归社区生活，尽情地玩，充分地玩，进而带给孩子良好的成长体验呢？我们通过组织丰富的社群活动，将有共同兴趣及需要的人联系在一起，充分调动和发挥社区中人文要素、环境资源的教育价值，促使社群内各家庭交流愈加密切，让幼儿的身心发展都能处在温馨友爱的环境之下，感受社群活动带来的丰富变化与体验。

策略说明：

社群活动将社区生态环境、公共设施等资源进行统筹，以"线下体验＋线上共享"的形式开展系列"社群活动"，培养孩子亲自然、亲社会的情感，在轻松自如的环境中促进幼儿的身心发展。

首先，我们需要盘点社区资源，分析社区周边500米范围内的场地资源（如儿童活动中心、老年活动中心、生活小区、街心公园、超市等）、地形地貌、动植物资源等，以便于在适宜的时间开展赏花、户外野营、采摘果实等活动。

其次，就是确定活动主题和方案。教师、家长志愿者组建社群工作小组，社群工作小组根据季节特点、热点时事、幼儿园课程开展的需要等确定主题，内容与形式要贴合幼儿兴趣，如"春季赏花日"活动等。接着，形成具体方案，通过海报宣传、二维码推送广而告之，并根据报名情况组建兴趣社群。

接下来，根据内容开展线下体验活动，活动结束后通过平台进行分享。

如"社区亲子马拉松"社群活动。首先，教师与幼儿进入社区空间，进行实地考察并思考：社区里什么地方适合跑？我想在这里怎么跑？接着师幼共同绘制社区马拉松路线、确定规则，并制作海报在社区宣传栏粘贴，生成二维码在家长群推送。于是，这项活动吸引了社区中喜欢户外运动的爸爸妈妈和宝宝，组成"亲子运动社群"，在约定的时间里集结在一起，畅快开跑。活动后社群宣发团队将活动视频上传至公众号，共享美好体验。还有"风筝趴""野营会""花花草草联盟"等社群活动，吸引众多社区邻里，拉近了邻里关系。

在社群活动中，我们充分整合利用了家长资源、场地资源、社区资源来帮助家庭与家庭之间交流互动、人与人之间互动、家庭与社区之间互动，各家庭扩大了交往圈，产生幸福的社区生活体验。

"社区亲子马拉松"社群活动

"风筝趴"社群活动　　　　　　"三月集体生日会"社群活动

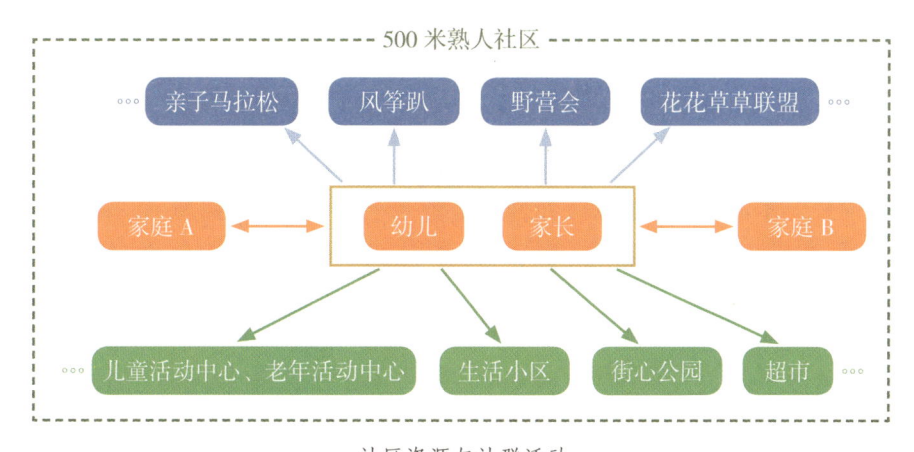

社区资源与社群活动

策略四：趣赶花草集市

智慧缘起：

在"春天来了"主题活动中，不同年龄班的幼儿开展对花草的观察活动、探索活动，创作了很多关于春天的艺术作品，如花草书签、花簪等，但这些作品仅停留在班级内部展示和交流，资源的共享度远远不够。跨班和跨年龄段的经验交流是物质资源、人力资源的整合利用，能触发更多新的价值点。于是我们整合各种资源，与幼儿共同打造"花草集市"，在花草集市里展示、售卖幼儿用花草创作的文创产品，并带领幼儿参与赶集，走进一个个互动现场，使幼儿对花草文创有更多的了解。这个活动让幼儿在沉浸式的体验中触摸生活，在买卖体验中感受真实的社会交往。

策略说明：

花草集市卖什么？怎么卖？在哪里卖？用什么买？都是孩子们决定的，孩子们是花草集市的主人。孩子们参与调查与规划、制作与陈列，聚焦文创产品、自然场域开展交流、进行买卖，在人与人、人与物之间产生交互关系，实现资源整合和经验分享。孩子们既是设计师、装修者，又是生产者、购买者，他们因需要而不断调整角色，学会主动解决实际问题，从而建构完整的生活经验。

产品计划：市场调查—确定产品—生产加工—设计促销方案

"花草集市卖什么？怎么卖？在哪里卖？用什么买？"按预先准备好的调查提纲，通过漫聊的方式，向被调查者了解情况，收集资料。根据收集到的第一手资料，幼儿讨论制作产品的计划。市场调查显示，花草节系列活动中花草书签、花草发箍、花簪、花茶、花篮、花糕、花草云肩等，都可以作为商品进行售卖。花草文创产品是幼儿对自然资源的艺术再现，确定产品计划后，收集、整理自然资源、材料资源，协调人力资源分工合作，批量加工文创产品。根据产品的受欢迎程度，孩子们想出"买一送一""商铺合作""广告宣传"等方法制订促销方案。

在活动筹备过程中，教师根据幼儿的年龄和心理特点，对自然资源、材料资源、人力资源进行有效筛选，最终与幼儿共同确定"商品"和"促销策略"。

商铺筹备：选址—设计—布置

首先，各班幼儿经过实地考察，与教师、家长的充分讨论，最终选择适合本班开展花草集市的"商铺"位置。其次，对商铺进行装饰。参考生活中商铺的样子，利用户外体育器械、自然物等设计陈列产品的货架、桌椅，因地制宜地将自然物与环境有机搭配。然后商量商铺的名字，动手设计商铺的醒目招牌，摆上饰品、商品，进行商铺的装饰。这个过程中，幼儿充分利用场地资源，整合各种可利用的器械、游戏材料等，通过交流讨论、合理布局，解决商铺创建过程中的各种问题；充分发挥幼儿的想象力、创造力、社交能力，提升幼儿资源利用、经验整合、问题解决等各方面的能力。

集市体验：游戏互动—促销调整

花草集市采用花草币机制，幼儿需要通过前期的劳动（制作堆肥、挖蚯蚓、制作包装盒……）获得花草币，逐步建立劳动积累财富的意识。通过劳动获得花草集市上购买产品的花草币，孩子们对此充满热情，参与度很高。他们使用花草币购买自己喜欢的产品之后，还可以现场参与劳作赚取花草币，这种机制激发幼儿在活动中进行更多的人际交流，幼儿各方面的生活体验和经验得到了提升。

游戏前一周，幼儿通过劳动获得花草币。"顾客"通过"市场调查"了解花草集市产品的"价格"，提前规划自己在花草集市中花草币的使用情况。花草集市开始了，"顾客"沉浸式地逛花草集市，用花草币购买商品。教师引导"顾客"通过劳动赚取花草币，促进"老板"与"顾客"在游戏过程中频繁交流互动。"顾客"根据游戏进行的情况提出建议，"老板"根据"顾客"提出的可行性建议，适时对游戏做出调整，以推进游戏的顺利进行。同时，教师根据花草集市现场情况，适时对幼儿的活动做出引导、调整，以丰富幼儿的游戏体验，实现资源利用的最大化。

花草集市是模拟真实产品售卖这一社会活动的"真游戏"，是一个自然与生活真实交互的游戏，也是一个让孩子们感受收获、分享成就感的过程。教师通过细致的观察，发现幼儿有分享欲、表现欲等心理需求，于是通过游戏使幼儿与幼儿、幼儿与文创产品、幼儿与花草节产生交互关系，实现不同资源的整合。

一花一草皆教材，一点一滴尽成长。花草集市就是教师以科学的课程资源观组织策划，把各种资源加以整合利用的成功范例。花草集市上，每一件作品都是孩子们与自然资源的对话，他们走进一个个资源改造的现场，学习买与卖的社会活动，最终获得有益的人生经验。

幼儿在花草集市上售卖自制书签　　　　幼儿在向"顾客"推荐他们的纸模盒子

策略五：巧设爱心小铺

智慧缘起：

幼儿生活中的旧物往往承载着他们成长的印记，一张爸爸去外地出差寄回来的小卡片，一个和表弟一样的旧玩具，一个饱含长辈关爱的小拎包，一张抓拍的照片，一本妈妈记录的小册子……这些看似平常的物品里可能有温暖的故事，也可能记载着克服困难的成长瞬间。孩子们舍不得扔掉旧物的事情，引发教师对幼儿情感问题的思考。怎样将这些与爱、与成长有关的故事让更多幼儿知晓，引发更多的感受和启发呢？经过师幼讨论，决定通过创设"爱心小铺"来支持幼儿的情感传递，让孩子们将隐性的情感通过显性的物品抒发出来。爱心小铺除了收集、摆展幼儿的心爱之物以外，还可以将自己与亲人、朋友之间发生的温馨瞬间以视频、日记的方式结合物品展示。爱心小铺成为了全园幼儿的情感大集市，让摆展的幼儿有更多的情感表达机会，让观展的幼儿从情绪体验中得到成长的力量。

策略说明：

在爱心小铺的位置选择上，教师引导幼儿关注人流密集的宽阔场所。幼儿的想法是：能让大家每天都看到，可以摆放物品，还要很多人聚在一起不拥挤的地方。满足这三个条件的地方在幼儿园的哪里呢？经过现场观察、大家投票，地点确定在大门门厅处。于是大家分头准备，布置爱心小铺。摆展自己班级收集的物品后，围观的家长和孩子对这些摆展的物品似乎不感兴趣。教师引导幼儿层层剖析原因，一是只限于本班的物品收集，种类太少，二是没有故事的旧物看上去没有吸引力。最后决定师幼一起制作征集旧物的海报，并在全园发布，向所有幼儿征集爱心小铺的物品，并要求给每样物品附上自己和物品的语音故事、视频的二维码、日记、绘画等，让大家了解物品背后的故事。引导更多幼儿将情感这种隐性资源以物化的形式（图画、物件、语音）进行呈现，来帮助幼儿表现情绪和情感，让更多的人、事、物成为本次课程的有利资源。

校园门厅布置爱心小铺

扫二维码就能观看爱心小铺中的"成长故事"

  爱心小铺活动引发更多家长、幼儿、教师的关注，为了可以全员参与，我们共同制作了爱心小铺公约：（1）开放时间为每天入园时段——上午 8:00—8:40。（2）由各班轮流安排人员看铺，每次安排 4 人。（3）交换规则———集爱心币。孩子们带来心爱之物和故事，在爱心小铺换得爱心币，爱心币可以在爱心义卖中使用。（4）交换规则二——以爱换爱。想得到爱心小铺的东西，可以用自己的心爱之物来交换。制作公约后，爱心小铺正式开张啦！在交换区，孩子们通过交换心爱之物、集爱心币，了解物品承载的故事，觉得普通的物品也弥足珍贵。在展示区，孩子们让家长扫二维码了解物品背后关于爱的故事，也通过自制绘本、情绪日记了解同伴的一个个关于爱的、化解情绪挫折的、克服困难的故事。这个活动不但能引起幼儿的情绪情感共鸣，也让家长从其他孩子的表达中更近地触摸到自己孩子的内心世界。在交流区，孩子们七嘴八舌地讨论感受，表示自己也有过这样的经历，并用抱一抱安慰小伙伴。幼儿在爱心小铺中了解情感故事，也释放自己的困惑和不解，原来我的委屈别人也有，从而得到自我认同感，促使敏感和自卑的自己破茧成长。

  爱心小铺成为幼儿美好情绪和愿景的"道具"，使幼儿的情绪和感受浮出水面，让幼儿不仅感受到他人的关爱，也让他们愿意和学会表达自己的情感挫折或者对爱的感受，从而科学疏导幼儿的情绪。爱心小铺根植生活场景，成为家长与孩子们互动的情感道具，让家长更加关注幼儿的情感。爱心小铺也引发教师、家长对幼儿情感状态和外在行为的关注和理解，学习通过幼儿的外在行为了解幼儿内在的情感需求，不断优化支持幼儿情感的策略。爱心小铺活动让教师更加关注资源价值的潜在性，了解到情感情绪也是可以物化的；教师进一步提升了课程资源的开发能力，能依据幼儿学习和成长需要对相应的资源进行赋值，使之成为可利用的课程资源。

孩子们在爱心小铺进行交换

策略六：打造家乡文创馆

智慧缘起：

对于幼儿来说，家乡既熟悉又陌生。熟悉是因为家乡是幼儿成长的地方，承载着幼儿的生活记忆和归属感；陌生是因为幼儿对家乡没有直观的感受，不是他们日常生活重点关注的。家乡虽然具有浓厚的风土人情、地域特色和传统文化，但对幼儿来说，文化传承是抽象和遥远的事情。如何让家乡由远及近，走入幼儿心中？立足园所实际，将家乡资源进行梳理、整合、筛选，使之与幼儿产生关系，通过采风、记录等形式让幼儿初步了解家乡的环境和文化，并用自己喜闻乐见的形式来表现家乡的美，将对家乡的理解和情感进行具象化的表现。这个过程是教师和幼儿一起从"家乡文化"到"文化创意产品"的探索过程，实现了文化到文创的破圈；借助具象的实物，让幼儿切身感受到家乡就在身边，家乡文化就在身边。

策略说明：

家乡文化是一种抽象的资源，为了让其更好地被幼儿理解，支持幼儿的经验生长，我们首先要对家乡资源进行筛选，在调查了解的基础上，深度挖掘乡土文化、民俗文化、地域文化之间的关联。然后引导幼儿创作"接地气"的文创产品。在创作大美福安作品之前，师幼进行问题讨论："我们的家乡文化有哪些？""用怎样的作品来表现家乡的文化呢？"通过家乡资源调查，了解福安的名胜古迹、美景特色、非遗文化、古村建筑等文化资源，如福安的十景韩阳，廉村的古民居、城墙、官道等古建筑，畲族非遗文化等。

丰富的家乡文化资源应该选用哪些形式来表现呢？在我们鼓励幼儿用绘画、手工制作、戏曲表演、建构等形式自主表现和表达后，大部分孩子选择对某一具体事物的绘画形式，没有明显的符号和文化特点。于是教师将家乡文化资源进行归纳整理，初步和孩子们确定用艺术的形式表现以下元素：环境元素、建筑元素、人物元素、图案元素、代表性文化元素。例如，孩子们在创作溪潭十二村的绘画作品时，教师启发幼儿在表现廉村独特的建筑风格时注意观察悬山式古民居屋顶；利用畲族图腾设计物品体现仙石村的畲村文化。

在确定表现形式和表现方法之后，师幼围绕"怎样的文创作品能让爱家乡的情感流动起来？"进行社会调查和小组、集体讨论，并将讨论的结果进行汇总，最后大家决定，将创作的绘画、符号、文字、形象等作品定格在某些物品上。于是我们和幼儿选用了"十景韩阳"镜框，"溪潭十二村"台历，大美福安长卷，"溪潭十二村"明信片、邮票、布包、抱枕等物质形态的文创产品来呈现，将家乡文化定格在这些物品上。

有了文创产品，接下来就是打造"家乡文创馆"。通过梳理我们认为，只要是和文创作品有关联的人都可以参与其中，如教师和幼儿一起创作，家长帮助布置，陌生的村民帮忙推广，小区中从事各种职业的人们给作品提出改进建议。在此之后我们和幼儿一起策划了许多活动：文创作品展、走秀、现场直播——将家乡文化推广给更多的人；寄溪潭十二村明信片、赠送溪潭十二村台历——让外地工作的亲朋好友收到它时，能唤起对家乡的美好回忆和爱家乡的情感；售卖文创产品——将家乡的文化美留在我们周边更多人的生活中。幼儿园和社区俨然成了一个没有围墙的"家乡文创馆"：班级门口有溪潭十二村明信片，走廊上有"十景韩阳"画作，区域中有溪潭十二村抱枕，孩子们穿着文创短衫……孩子们穿着、用着自己做的文创作品，有了强大的文化自信。而孩子们在活动中的交流、展示、赠送、售卖等形成一个个经验分享的平台，让家乡文化活跃、流动起来，让更多家长、周边社区住户、村民及参观者进一步认识我们的家乡，留住家乡记忆，延续家乡文脉，实现社会资源共享和情感的相互滋养。

基于幼儿与资源互动过程中产生的兴趣，综合考虑儿童兴趣、开展活动的可能性及其对幼儿发展的价值，师幼一起探寻方案并打造家乡文创馆。幼儿在实践操作中不断地发现问题、提出问题、解决问题，实现经验的生长。文创过程强调幼儿的体验性、参与性和互动性。同时，家乡文创馆依托丰富的家乡文化元素，充分展现家乡的风采，具有传播文化、增进文化自信和传承经典文化的重要作用，家乡具有的历史性、传统性、继承性以及地域性资源在园本课程中发挥了巨大的作用。

幼儿创作的福安"十景韩阳"镜框

溪潭十二村台历

溪潭十二村油纸伞

理念与策略

溪潭十二村邮票设计

溪潭十二村抱枕

溪潭十二村投影

溪潭十二村杯垫

溪潭十二村明信片

溪潭十二村福袋

59

三、课程资源的审议

随着课程的开展，教师需要以第三方的角度随时反思，除了反思课程的实施，对课程资源的审议也不可或缺。课程资源的审议是围绕课程资源价值与利用效果进行的。有效的审议能帮助教师解决课程资源开发利用中的诸多问题。比如，如何分析、甄别、梳理各类资源，如何在活动开展的过程中实现资源的核心价值，如何沿着资源—活动—经验的路径，推动活动的深入。

课程资源开发初期，重在课程资源价值的审议。可以组织"多方辩论会""动态漫聊会"对资源的价值与适宜性进行审议：这些教师眼中有意义的资源是幼儿喜欢的吗？幼儿感兴趣的小区草地适宜于开展什么活动呢？是否有相应的材料、地点、人力资源来支持幼儿提出的活动主题？这些问题的答案有助于我们辩证地分析资源的价值，进而衡量课程开展的可行性。

在课程实施的不同阶段，我们同样可以运用"动态漫聊会""日记研习趴"对课程资源的开发利用效果进行审议：小区的山坡适合玩藏宝游戏吗？藏宝游戏必需的材料有什么？藏宝游戏需要增加哪些人来协助？通过审议回顾课程实施过程中资源开发利用的亮点和不足，对课程资源进行调整和优化。

课程资源的审议有助于发现资源利用中出现的问题，而后，师幼一起或再次寻找、或适当调整、或组合使用，直至课程资源有效服务于课程活动，实现资源的最大价值。

策略一：多方辩论会

智慧缘起：

在课程资源开发与利用方面，以往教师往往侧重分析资源的外显因素，如资源可以怎么用，或是可以生成什么样的活动，却忽视了资源与幼儿之间内在联系的思考，比如资源是否符合当下幼儿的兴趣与需要，能否与幼儿现有的经验产生情感、行为上的联结，因此在以幼儿视角进行资源开发与利用的过程中，遇到了许多问题。这时，多方辩论会就显示出其突出的效用。例如当教师捕捉到的课程资源点与幼儿的兴趣点存在分歧时，为了做出合理的判断，我们需要倾听来自幼儿、教师、专家、家长等不同角色的声音，挖掘资源与幼儿、资源与教师经验的内在关系，进而深化教师自身的认知，让资源的开发与利用从模糊走向清晰，从肤浅走向深刻。多方辩论会可以帮助教师、幼儿进行多元思考；教师与幼儿、教师与教师、教师与专家、教师与家长等共同对资源开发与利用进行不同角度的研析，从更多角度了解幼儿的现有经验水平和真实需求，真正将幼儿作为资源开发的主体。

策略说明：

在辩论前必须先确定辩论的主题，辩论主题一般由存有疑惑或存在意见分歧的园教研部、年段教研组、教师提出，有时也由幼儿提出，然后大家一起集中商议，对资源进行甄别与筛选。

在资源开发与利用的课程审议中，为了坚守儿童立场并从源头上梳理资源开发与利用的价值，最大限度地挖掘资源的教育价值来支持幼儿的学习与发展，需要根据资源开发与利用的不同时期出现的不同问题选择不同角色作为正反辩论双方，有时是教师与教师，有时是教师与幼儿，有时是教师与专家，有时是教师和家长。辩论会前，参与人员根据自己的观点和立场提前准备材料，寻找有力论据论证自己的论点，并集思广益对有效资源进行抽丝剥茧的分析，以提升资源开发与利用的适宜性、有效性。

在辩论会中，辩手要按照规则与要求来发言，可针对对方的漏洞进行追问等。在辩论会后，双方可根据自己的观点进一步交流，拓宽视野。

下面以"东百小区资源的师幼双视角辩论会"为例，简单介绍多方辩论流程。主持人首先向在场人员介绍出席嘉宾、计时员和本期辩论主题。本次辩论会缘起于教师捕捉到的东百小区可利用的课程资源点与幼儿的兴趣点存在分歧，因此确定辩题为：幼儿对资源利用的兴趣点与教师的价值判断不一致时，如何取舍？接下来请由家长、教师组成的双方辩手上场。随后主持人介绍活动规则与评分标准，引导观众在辩论前对正方观点"幼儿对课程资源的兴趣重于教师预设的价值判断"与反方观点"教师预设的价值判断重于幼儿对课程资源的兴趣"进行投票。辩论会开始，首先限时一分钟轮流请正反双方从社区资源分析、资源利用价值、幼儿兴趣与幼儿内在发展之间关系等角度进行深度思辨，在"幼儿的兴趣"与"教师对资源的价值判断"之间立论陈词，展开拉锯战。接着主持人引导正反双方就对方观点及漏洞进行限时三分钟的诘问，经过激烈的辩论后，请双方四辩作为时三分钟的总结陈词。陈词结束后，观众重新进行投票，并邀请专家针对本期辩论进行点评。此次辩论会让我们明晰，幼儿对生活资源的兴趣点和教师的价值判断二者缺一不可，教师要从儿童的视角与需求出发，筛选真正符合幼儿兴趣、促进其发展的有价值的资源。

这种多方辩论会，可以引导教师不断审视自身教育观、儿童观以及课程价值观，提升教学能力，提高资源开发与利用的综合能力。当然，多方辩论会在资源开发不同时期，可以选择不同的组合。一般情况下，资源开发初期审议时会选择教师与家长、教师与专家、教师与幼儿组合，中期审议时常选择教师与专家、教师与家长、幼儿与幼儿组合，后期审议时多选择教师与教师、教师与专家、教师与家长组合，具体要根据实际问题做科学合理的选择。

关于资源开发与利用的多方辩论审议，可促进教师形成正确的课程资源观，提升课程资源审议的自觉性以及对资源的合理、高效综合利用的情感要求。教师应坚持以问题为导向，充分考虑幼儿的发展目标、能力水平以及主动探究和社会交往的需要，强化课程资源审议的目的性。同时，应建立师幼共同参与的多层级审议机制与持续的过程性审议制度，保持课程资源审议的开放性和灵活

家长与教师辩论会现场

性，提高课程资源审议的系统性，促进教师切实关注不同课程资源的内隐价值及其与幼儿学习兴趣和经验的关联，活化资源，凸显多样性和多样化，让课程准备的过程也成为教师与幼儿共同成长的过程，提升课程资源审议的价值。

策略二：动态漫聊会

智慧缘起：

"动态漫聊会"以多层级、多主体的课程审议为目的，它贯穿于课程资源开发与利用的初始阶段、发展阶段和总结阶段。通过对话交流、思维碰撞，加深教师对课程理念的理解和对资源价值的判断。

在动态漫聊会中，教师聚焦教育实践情境中的具体问题，借助不同媒介物，如文本、实物、图片、幼儿作品等，进行分析、筛选、对比、反思、调试、拓展，让教师更好地站在孩子的角度去发现孩子对资源的真实需求，达成对课程理念、育人目标的一致理解，从而优化课程资源、教育策略，促进幼儿有效学习和全面发展。

策略说明：

课程初始阶段，动态漫聊会多以年段教师组织的资源讨论会为主。如年

段内各班教师借助"手绘图示""文本图式"等,对现场勘察得到的资源进行图示呈现、语言介绍,对可用的物力资源、人力资源、事件资源进行梳理、筛选、罗列、汇总,形成"可用资源分析表"。在此基础上,教师对照《指南》中本年段幼儿的发展目标和本班幼儿学习经验,对"可用资源分析表"的资源进行价值分析。以此,教师基于幼儿最近发展区,建立初步的课程目标,形成"资源分析与课程构想表",对资源转化可能生成的课程内容和网络图进行架构。

课程发展阶段,动态漫聊会多以班级教师之间、年段教师之间的"资源运用反馈会""资源动态调整会"为主,是教师反馈、分析、发现资源运用的问题,调整、拓展资源,推动课程发展的一种审议方式。如教师借助幼儿"表征作品""文艺创作""游戏视频"……与班级教师、年段教师分析幼儿与资源互动过程中的新问题、新发现、新经验,共同剖析课程资源对幼儿学习与发展的潜在价值,开展有针对性的资源优化,从而更客观、全面、多渠道地运用资源。例如班本课程《一张纸可以"活"几次?》,孩子们在"与纸张游戏"的玩法开发上遇到困难,年段教师组织资源运用反馈会,通过现场研讨,对孩子们的游戏表征进行分析,对活动照片进行解读,发现资源利用存在局限性问题,列举可以引进的家长资源、同伴资源,并基于幼儿目前的学习行为进行拓展分析,如"可以通过同伴观察,丰富幼儿对纸张游戏的经验,收集并形成纸张游戏库""可以引进家长资源,通过亲子共玩,串联起两代人的童年生活,引发幼儿更深的情感共鸣"……由此,教师发现了新资源,开始调整资源的开发与利用,推动课程发展。

在课程总结阶段,通过班级教师、年级教研组、园部教研组等多层级的"课程交流会"审议课程及资源运用成效。第一层级:班级教师按课程发展线索将课程实施过程的照片、视频等资料,以课程故事文案的方式进行整理，对项目活动的开展、资源开发的内容与方式进行反思与总结。第二层级：年级教研组根据课程故事所呈现的活动情景、幼儿实际表现等情况进行分析，对课程实施质量和资源开发的成效进行审议，并通过经验梳理共享给其他的教师。第三层级：园部教研组带领老师们一起回顾课程实施过程中资源开发的亮点和不足，针对资源开发中的困惑和有争议的问题，通过专家指引、代表发言等形式有针对性地给予支持，助推教师专业成长。

资源讨论会

资源运用反馈会

园级教研组课程交流会

年段教研组课程交流

策略三：日记研习趴

智慧缘起：

幼儿经常用绘画的方式表达、记录幼儿在园、在家的生活，真实地反映他们的感受、体验与想法。为此我们通过阅读幼儿的绘画作品，了解幼儿的兴趣与需要、能力与水平，并时常通过开展班级范围的研讨，帮助教师辨析幼儿认知冲突的价值点和焦点，引发教师对幼儿成长发展的更多思考与改变；帮助教师明晰课程资源开发与利用的适宜性策略，整合利用更多资源，使课程资源的开发与利用基于幼儿视角，符合幼儿当下学习与发展的需要。

策略说明：

幼儿的日记分为生活随记（对一日生活中事件的记录）、游戏日记（对游戏中的疑惑、收获等的记录）、经验手册（对资源利用、活动经验的汇总）三种形式，是学龄期幼儿一种特殊而有趣的前书写形式。

1.生活随记：幼儿的生活每天都有新鲜事，或是幼儿的生活趣事，或是成长中的小烦恼，或是和同伴交往过程中的困惑，都是生活日记记录的内容。教师鼓励幼儿在自由活动时间及时记录，记录的方式可以是单图，也可以是多图，记录自己一日的生活事件，如《开心的一天》《快乐的周末》，记录身边的世界观察，如《下珍珠雨啦》《我的好朋友》等。

生活随记：下珍珠雨啦　　生活随记：开心的一天　　生活随记：做早操

2. 游戏日记：游戏日记一般是个人或小组聚焦一个正在进行的游戏，进行过程式的记录，它展现了以问题、体验或收获为主线展开的游戏过程，再现了幼儿与资源间发生的生动的故事。游戏日记呈现游戏中幼儿解决问题的过程，是游戏现场的实况写真，如《搬过来搬过去》《车轮滚滚》《坡趣》等。在游戏开展的过程中幼儿会出现很多问题，这些问题的产生及解决又是推动幼儿游戏发展的事件资源。

游戏日记：搬过来搬过去

3. 经验手册：在幼儿园的学习生活中，幼儿喜欢探索周边新鲜的事物，教师鼓励他们将观察发现、养护经验进行记录，如《植物鉴赏图鉴》《春天种植指南》《养蚕手册》等。幼儿运用符号、绘画等方式记录自己的观察与发现，教师引导幼儿以思维导图、经验手册、儿童海报等形式将自己获得的零碎经验、散乱的信息进行梳理、提炼，形成极具童趣的经验手册。

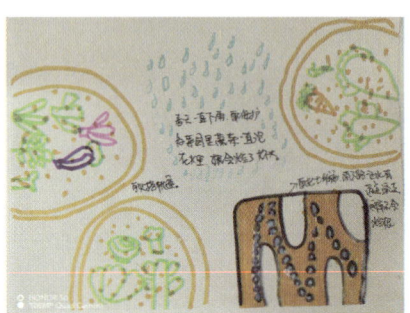

经验手册：春天种植指南

经验手册：毛绒兔制作流程

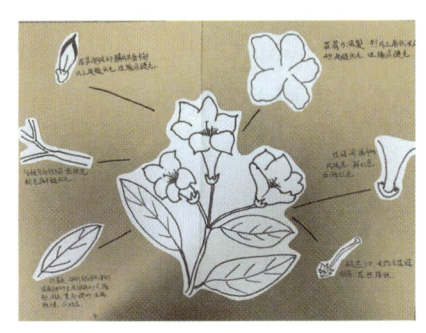

经验手册：植物鉴赏图鉴

研习以上三种日记，能让教师了解幼儿的兴趣与需要，发现幼儿的情绪与情感，帮助教师从儿童的视角对幼儿近期的学习和成长进行真实、动态化的评估，及时把握幼儿学习的生长点；甄别、分析、梳理资源的核心价值点，生发适宜的活动，架构资源—活动—经验之间的桥梁，使其成为课程资源开发与利用推进的有效依据。

日记研习趴的教研流程一般为：解读画面—看见经验—提出研讨问题—构想资源开发与调整策略。首先，选取班级的生活随记、游戏日记或经验手册，让教师阅读并分析幼儿当下的学习与发展、兴趣与爱好等。接着教师们交流自己的理解与观点，筛选有意义的小问题进行探讨。最后提出资源开发与调整策略，从而有效地推进课程，为教师与幼儿的共同成长带来更多的可能。以大班"一张纸可以活几次"游戏日记研习为例,首先,本班教师认真翻阅幼儿近期游戏日记,解读画面了解日记内容,获悉幼儿玩纸的经验较为缺乏,他们认为一张纸只能玩一次。在此基础上提出研讨问题:"如何拓展幼儿当前的经验,让一张纸能玩五次、六次、七次、八次呢?"围绕问题班级三位教师讨论并提出资源开发与调整的策略:一是链接区域活动,引发幼儿对于纸张规划利用的思考,如美工区减少提供纸张的量;二是挖掘家长资源,鼓励家长与幼儿开展一张纸的游戏,拓展游戏经验;三是教师组织幼儿谈话:"哪些方法可以拯救撕裂的、有皱褶、弄湿的纸?"引导幼儿思考纸张的重复利用。通过以上这些过程,促进教师基于儿童想法和做法提出了解决问题的策略,从而有效推进课程实施。

总之,日记研习趴是教师对幼儿的"生活随记""游戏日记""经验手册"进行共同解读,其中,生活随记研习趴让教师看见资源与不同幼儿互动中"发生了什么""学习了什么",它反映了个别化的学习体验与零散经验,个性化的情感需求等;游戏日记研习趴让教师阅读鲜活而生动的故事,时常被幼儿故事滋养;经验手册研习趴让教师对幼儿学习的发生过程及经验进行思考与分析。通过日记研习趴,教师走进幼儿的生活,捕捉幼儿

与资源互动中的行为表现，了解幼儿的想法，探讨资源赋予活动可能的生长点以及可进一步丰富的资源种类，反思资源利用的效益，调整教育的策略。这种思辨式的研习，使教师能以儿童的视角审视资源开发与利用的利与弊、资源调整的适切性，有利于站稳资源开发利用的儿童立场。

课程故事

小创客的 72 变

一、课程背景

"小创客的 72 变"活动是在幼儿园"花草集市"活动背景下产生的。花草集市是模拟真实的市场情境,让孩子们以各种作品作为"产品",进行产品售卖这一社会活动的"真游戏"。

教师敏锐地捕捉到花草集市活动背景下,买方对产品的个性化需求与定制需求的问题,于是与幼儿一起讨论解决"产品需求收集、产品个性化设计、产品销售"等问题,引发幼儿积极创想、动手实践,提升了幼儿解决问题的能力。

二、课程故事

(一)产品没特色怎么办?

幼儿园花草集市就要开始了,小朋友们都在忙碌。我们大二班的小朋友决定做一种特色产品——棉花糖饼干,因为加了棉花糖的饼干很特别,一定会受到大家喜欢的。随着日子临近,各班制作的产品陆续进行了展示和试吃试喝活动,大二班的小朋友们对琳琅满目的产品赞不绝口,纷纷分享自己的感受。

潼潼:"小一班的花草书签太美了,我很喜欢!"

花草集市产品调查　　　　　　　　　　实地考察，了解产品具体情况

婉瑜："大一班制作花草冻，中五班卖自己种的菌菇，还有大四班的自制有机肥，这些都好特别！大五班还卖自制的木桌木椅，太厉害了吧！"

天天："唉，好几个班级卖饼干，而且还有各种口味和样式。"

睿睿："我们也卖饼干，没特色了！"

明远："这下，我们的饼干不好卖了，我们的只有一种口味，样式也不够美。"

"到底有多少班级做吃的？我们做什么产品才好卖呢？"大家争论不休，一时间难以定夺。

教师的思考：

静静地听着孩子们的讨论，发现他们从自身兴趣点出发关注周围事物，开始结合周围班级的作品，去思考自己的作品。在这个思考过程中，孩子们还调动自己在园部集市活动中获得的经验对作品的受欢迎程度进行了预估，这种对周围信息的敏感性及预见性是幼儿社会能力发展的体现。"产品没特色怎么办？"这个问题的产生也是极为宝贵的课程生发点，不应错过。

策略支持：

1. 针对"为什么产品需要有特色""你怎么知道产品没特色""产品如何有特色"进行生活漫聊。

2. 调动家长职业多样性的资源，鼓励幼儿与家长围绕"到底有多少班级做吃的"这个问题进行生活漫聊。

（二）"市场调查"不能少，变产品！

第二天，钰婷带来了她和她的总经理爸爸商量后的主意："可以使用数学活动中的调查方法调查统计，看看还缺少什么产品，我们就做什么。""对，这样我们的产品就是独一无二的了！"这个想法很快便获得了大家的支持。于是，一场轰轰烈烈的"市场调查"开始了！孩子们兴致勃勃地设计表格：分组调查表、分类统计表。经调查发现：制作食物的班级有 10 个，制作滴胶制品、书签的有 1 个，卖肥料的有 1 个……看到统计结果，孩子们纷纷攘攘起来："果然卖食物的班级太多了！""可是又能卖什么呢？""书签、发夹、干花、手工皂，这些都有了。"孩子们仿佛走进了死胡同，谁也想不出更好的点子。

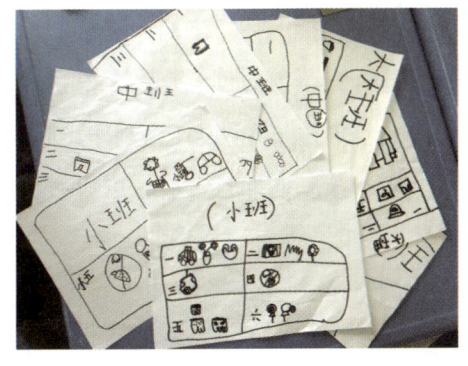

用自己设计的调查表调查、统计

发布定制海报

孩子们一筹莫展，该是老师出手推一把的时候了："孩子们，我们擅长什么呢？我们有什么本领是其他班小朋友没有的呢？"孩子们的思路一下子被打开了，又开始兴奋起来："我们会做纸模型！""我们设计的纸模车、纸模小动物很美！"教师继续鼓励："是啊，你们可是最棒的'纸模创客'！用这个特别的本领，可以做出什么产品呢？"

子茜："做各种纸模汽车、轮船、动物，大家肯定喜欢！"

明远："我们设计的纸模图纸也可以卖，让大家一起玩纸模制作。"

潼潼："将食品放在纸模里面，各种形状的包装盒我们都能设计。"

一番头脑风暴后，孩子们一改之前的低落情绪，设计了许多纸模产品，并为拥有这些独一无二的产品而自豪和兴奋。孩子们还制作、发布了定制海报，并自信地称自己是"最好的设计师"。

教师的思考：

对于孩子们来说，讨论中无法达成共识是常态，但是，如何统一孩子们的想法，则需要教师的智慧。在这次活动中，无论是总经理爸爸还是推手老师，都是活动不可或缺的人力支持。在总经理爸爸指点迷津之后，孩子们能通过市场调查发现哪些是大众化产品，哪些是有竞争力的创意点。在推手老师的指点下，孩子们很快找到突破口，利用自己擅长的纸模设计来制作产品，并能结合集市需求来定位产品。这种思路点拨对孩子们非常重要，可以教会孩子们在此路不通时另寻他路。

策略支持：

1. 教给幼儿调查、统计的方法，并提前与各班教师打好招呼，以支持幼儿的"市场调查"顺利开展。

2. 在幼儿对做什么特色产品感到困惑时，教师及时介入，引导幼儿从关注外部到关注自身经验，转换角度，对"我们擅长做什么"展开讨论。

（三）发挥特长出特色

短短几天，就接到来自各班的包装盒设计订单，包括棒棒糖、饼干、小发夹等的包装盒设计。孩子们根据产品内容和外形特点熟练地使用平板设计纸模包装盒。这种量身定制的包装盒无论在色彩、外形还是价格上，都比网络上售卖的更加受欢迎，大家陆续接到来自各班的好评。孩子们的头脑像被打开的宝盒，灵感如泉涌，除了各种包装盒，特色纸模帽子、纸模小玩具也层出不穷。

扫码观看活动视频

平板设计 　　　　　　打印 　　　　　　剪一剪

折一折 　　　　　　贴一贴 　　　　　　扎丝带

此时一个特殊的订单激起了新的波澜："你怎么随便接订单，这个图标我们根本不会做呀！"原来，制作果冻的小四班小朋友来找沐沐，提出："我们需要一个图标贴在塑料果冻盒上，可以定制吗？"沐沐看着比自己小的小班小朋友们，凭着一腔做哥哥的自豪感，自信满满地接下了任务，可是小组设计时，大家陷入僵局，于是有了之前的争执。可是，订单已经接了，能退吗？"不行，小弟弟会伤心的。"小组集体认为不应该退单，那怎么办呢？"到底什么是图标呢？"新煜提出："我们让老师用手机帮忙查一查吧！"当孩子们通过教师手机查到他们需要的信息时，恍然大悟："图标就是商品标志呀！"随着不断翻看图标图片，孩子们又发现了许多有用的信息："你看牛轧糖的包装袋上有只小牛！""迪斯尼玩具的图标是米老鼠图案呢！""这肯定是葵花籽的图标，图案是一朵咧嘴笑的向日葵，嘴巴旁还有个大大的葵花籽呢！"

了解到这些信息后，孩子们恢复信心，设计出小四班的果冻图标。不出所料，小四班图标的成功设计使得图标设计订单纷至沓来。孩子们要设计更多的商品图标，思路一时受阻，孩子们提出要去各班看一看具体的产品，根据对具体产品的考察做设计。于是小创客们开始了更加"专业"的设计制作。

| 调查产品 | 纸质设计 | 平板制作 |

作品1：

设计说明：小四班的果冻有各种颜色，造型也可爱，图标就设计成果冻宝宝。

作品2：

设计说明：中一班的饼干有小猫、小兔图案，图标就用上这些。

孩子们将这些图标打印、裁剪后送到相应的班级，亲手贴在产品上。这样贴心的服务受到了大家的好评，并收获了许多花草币。越来越多的图标出现在幼儿园各班的产品上。孩子们自豪地说："我们的产品真棒！""花草集市还没开始，我们就挣到花草币了！"后来，这个图标制作技术还被用于制作围兜图标，以及为花草集市设计配套的文创产品上，如靠枕、桌布、包包等。

图标打印裁剪 　　　　　为产品粘贴图标 　　　　　我们设计的图标真棒！

教师的思考：

对于这个意外的图标定制，孩子们能够信守承诺，通过网络搜寻所需信息，并对信息进行要素分析，从而明确设计方向。这种对顾客负责的态度、对新技术手段的使用能力及能根据顾客需求改变设计思路的应变能力让我感到意外又惊喜。

这个突发的设计需求要求小创客有很灵活的变通能力，对孩子们的制作技术也提出了更高的要求。没想到，灵机一动而来的纸模设计竟然成为唯一覆盖全园需求的创意，幼儿园集市上几乎所有产品都能看到我们的设计。这种超强自我效能感的体验，给小创客们带来充足的创作激情。就如同孩子们说的，我们的设计和制作是唯一的，这才是最受欢迎的原因。孩子们用自己的所长收获成就，发现自己的力量，确实是一件非常美好的事。

策略支持：

运用网络搜索工具帮助孩子们认识图标，并提供相应的信息帮助孩子们解决图标制作的技术问题。

（四）换个角度看问题，来转型！

随着订单的完成，孩子们的花草币越挣越多，可是可售卖的产品却越来越少。明天是"花草集市"开市的日子，需要为这些产品定价格了。可是，意想不到的事情发生了。

明远："要开始售卖产品了，我们的产品卖多少钱？"

倩倩："我制作帽子很辛苦呢！一顶 50 个花草币吧。"

月月："那我的扎染衣服要 100 个花草币！"

婉瑜："老师，我的纸模机器人不想卖！"

思彤："我的也不想卖了……"

教师："这些漂亮、独特的作品值得珍惜，你们不想卖也可以，但是我们明天卖什么呢？"

刘晟:"老师,我们可以借他们戴一戴。"

心悦:"这样我们没法挣到钱了。"

明浩:"可以少收点钱。"

明远:"哦,这个叫出租。"

经过讨论,大家增加了出租产品的服务,商铺不但出售小型纸模产品,还将舍不得卖出的纸模帽子、手工服饰、靠枕、围兜等作为出租产品供客人穿戴,并提供免费拍照服务。在花草集市上,我们这家商铺以独特的特色收获了许多关注,吸引着小朋友、老师、家长们前来体验。最后,孩子们将打印好的照片送到顾客手里。

服饰出租海报　　卖家给顾客看样片

服饰拍摄现场　　照片打印送货上门

教师的思考：

孩子们亲手制作的帽子、T恤、靠枕、挎包等，无不浸透着他们的情感与创意。孩子们舍不得卖，的确是情理之中，教师理解与支持幼儿在活动中"舍不得卖"的情感需求，因此才有"出租＋摄影"这种新型服务产品新鲜出炉。花草集市中，摄影师、场务师的各种忙碌，每张照片中的哈哈大笑，就是孩子们在生活体验中的智慧回响！

策略支持：

帮助幼儿转换观察角度，从观察商铺的外形到观察销售方式，更加深入地了解生活中的市场。

三、教师感悟

孩子们的每一件产品，都是他们与各种课程资源的对话，带领他们走进一个个资源改造的现场与学习互动的现场，最终让他们获得有益经验。

孩子们的学习体验，都源于生活中的问题，是生活需求下的创生与调节。从课程审议的角度来看，整个小创客活动，内容根植于实际生活，动力来源于幼儿的兴趣爱好，幼儿的内在需求与动机激发了幼儿的生活联想与创作欲望，吸引幼儿大胆地实践，并在反复探究的实践过程中不断发现新问题、新情况，进而不断提高分析问题、解决问题的能力，体验生活中的智慧，感受美的创造与表达。

感动于小创客一个又一个创想，打动人的不是一个产品，一个设计方法，一个售卖方式，而是小创客聚焦所长、发挥自身优势的能力。这种能力帮助孩子们建立自我效能感，也就是对自身是否有能力完成某项任务的自信程度。显然，对于大二班的孩子们来说，在擅长的设计制作领域，他们容易获得极高的自我效能感。活动中，小创客变产品、改设计、商铺转型，这一次次的创新是孩子解决问题的实践，是成长的机遇。

生活就是一个大课堂，孩子们在亲历中感受生活美，开发生活智，享受生活乐。在这充满童趣的实验二园"游戏大房子"里，我们顿悟、感动：原来，教育就是我为你创造条件，你给我带来惊喜，我们相互成就、共享幸福。

附录：

1. 课程资源迭代图

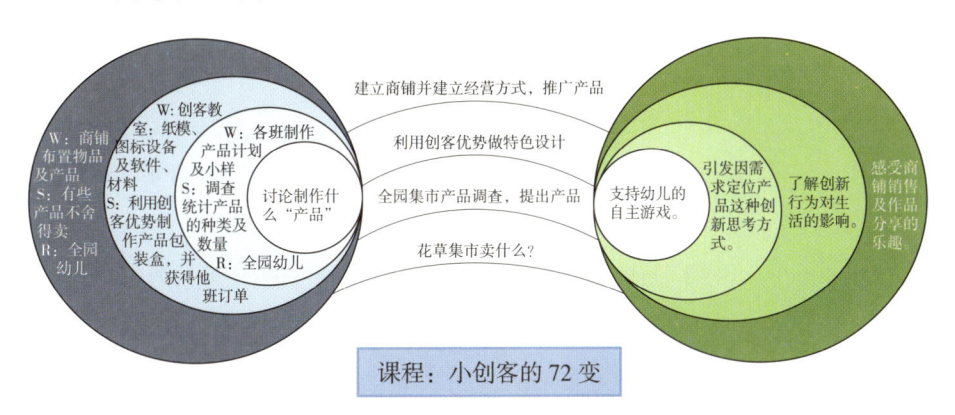

课程：小创客的72变

2. 课程资源分析表

课程内容	资源		资源开发与利用	价值分析
	类别	资源信息		
小创客的72变	事件资源	节日事件：幼儿园花草集市我们班制作什么产品呢？其他班级制作了什么呢？	围绕这一主题进行讨论，调查各班产品的种类和数量，形成相关的调查记录、调查表及结论。	基于对全园集市产品的调查，提出本班产品没有特色的调查结论，促使幼儿审视自己班级的产品，并提出什么产品更具特色、更受欢迎的问题，引发因需求定位产品这种创新思考方式。
	物力资源	创客教室：纸模、图标设备及软件、材料	幼儿迁移之前创客制作的经验，利用自己所长制作纸模产品。	1. 感受产品设计和制作的唯一性带来的成就感。 2. 了解制作产品包装盒、制作图标这种创新行为对生活的影响。

续表

课程内容	资源		资源开发与利用	价值分析
	类别	资源信息		
	事件资源	突发的新鲜事——利用创客优势制作产品包装盒并获得他班订单	其他班级的幼儿提出各种定制需求，幼儿根据需求进行设计、制作。	有初步的为他人服务的意识，感受为他人制作产品所带来的成就感及幸福感。
	事件资源	有些产品不舍得卖	迁移身边出租型商铺的售卖方式。	转换观察角度，从观察商铺的外形到观察经营方式，更加深入地了解生活中的市场，拉近与生活的距离。

（课程实施：福安市第二实验幼儿园大班　饶妍滨　刘思思）

一张纸可以"活"几次？

一、课程背景

这段时间幼儿走访了小区里的各个角落，很多幼儿对东百小区里的垃圾很感兴趣："天哪！垃圾桶每天都是满满的。"于是，幼儿采访了社区保洁阿姨，了解了关于垃圾的许多问题，并对社区垃圾桶里的垃圾种类、数量进行观察比较，他们得出了两个结论：一是人们每天产生的垃圾数量很多，二是从垃圾种类上看，纸类垃圾非常多。

围绕幼儿在生活中用纸大手大脚的现实问题，教师呈现"纸资源是有限的"这一事实，并与幼儿一起策划主题活动：让一张纸活更久。A4 纸是孩子们最经常使用的纸张类型之一，当面对"让一张 A4 纸重复利用"的问题时，教师通过游戏，将节约的方法教给幼儿，并利用家长资源、同伴资源向幼儿提供更多节约纸张的方法，让幼儿充分感受重复用纸给生活带来的乐趣。同时，以"园区＋家庭＋社区"的方式勾连幼儿生活圈，建立节约教育的立体网络，互相协调、互为补充，形成良性效应，让幼儿的节约行为能随着环境的改变、资源的灵活变通，破除其行为的刻板性，使节约的行为变得灵活、有用。

我们期待通过成人的引导和帮助，幼儿对自己的生活方式和用纸行为有更多思考，提升对自身行为与生活、环境关系的感知，萌发珍惜资源的情感，促进其建立节能观念。

二、课程故事

（一）为什么会产生这么多纸垃圾？

"为什么会产生这么多的纸垃圾？"针对这个问题，我们发放了"我家的纸垃圾"问卷，并通过"在家一天用纸量"问卷统计用纸量，围绕家庭中纸垃圾的具体问题展开调查。通过调查，孩子们有了许多有趣的发现。

张梓杉："好多小朋友只要画错一点点，这张纸就不要了。"

彭若琳："我最喜欢折纸，今天我才发现我每次折错的纸都被我扔了。"

李沅毅："我采访了爸爸，发现他用纸张打印的时候，只打印了一面。"

通过记录家庭一天的用纸量，孩子们发现了纸张的浪费现象。

王奕澄："我昨天用了7张纸来画画，太浪费了。"

林子洋："原来我们家一天就用了35张纸，难怪垃圾桶都塞不下了。"

郭铠宾："难怪我妈妈每次去超市都要买纸，我们用纸也太快了。"

姜疏瑶："我发现抽纸和打印纸是用得最快的两种纸。"

"我家的纸垃圾"问卷部分调查结果　　　　"在家一天用纸量"问卷

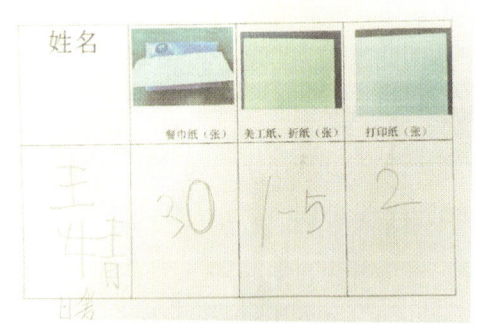

于是，他们提出：有些纸张不应该出现在垃圾桶里。"这些纸张还可以怎么用呢？"在他们眼中这是一个充满趣味和想象力的话题。

姜疏瑶:"我想把它卷成一团,扔来扔去玩游戏。"

蔡沁忻:"我想玩'雪花雨'的游戏。"

兰雨旸:"我想折成纸飞机,我们班好多小朋友都很爱玩这个游戏。"

教师的思考:

超出我们的想象,"这些纸张还可以怎么用?"带给孩子们很多的思维火花,孩子们挑战新玩法:"让一张纸'活'三次。"至于怎么玩,玩法由孩子们自己决定,游戏情景由孩子们自己决定,游戏规则由孩子们自己决定,这让幼儿对接下来的游戏产生了浓厚的兴趣。在这个过程中,教师并没有帮助幼儿解决问题,而是适时引发幼儿的大讨论,给予幼儿宽松自由的氛围,让幼儿大胆表达自己的独特想法。

策略支持:

1. 教师与幼儿讨论经常使用的纸张类型,引导他们制定用纸游戏的规则。

2. 鼓励幼儿思考用何种方式与纸张游戏,倾听幼儿的表达,引导幼儿完成计划。

(二)一张纸可以"活"三次吗?

1. 一张纸的三次生命,玩起来!

期待已久的第一次挑战来喽,本次挑战的任务是:让一张纸活三次。游戏中,第一次的纸棋盘,第二次折成了纸蝴蝶,第三次变身成纸偶……班级里不时发出"哇,太好玩了""让我玩一下你的吧"的声音,孩子们自发地

"玩纸游戏开始啦!"　　　　"我折了一把纸扇子。"　　　　"我们来场纸飞机比赛。"

三五成群围在一起，真是热闹极了！最可贵的是，第二次、第三次使用过的纸张在他们的眼里也是宝贝，变成孩子们游戏的玩伴，孩子们的视角总是这样独特而富有游戏意味。

教师的思考：

看似普通平凡的材料——纸张，却是幼儿乐趣的源泉，一张纸的多次使用带给孩子们深刻且畅快的行动体验。孩子们能迁移以往生活中的经验进行游戏，不限定玩法使幼儿的游戏更加灵活、自由。同伴的参与也为幼儿创造了互学吸纳的通道，产生了大量的同伴观察学习、比较学习。同一组出现了好几架纸飞机，出现了好几个棋盘，并进行了比赛，引发了"我想折你的这种纸飞机""我的棋盘换一个玩法吧"，促进了幼儿学习与发现。

策略支持：

这时，孩子们的用纸经验是否可以推广呢？在这个过程中个别幼儿出现的问题是否具有全面性呢？教师准备继续暗中关注幼儿在玩纸过程中的发现与问题，并以此来判断幼儿的兴趣点与广泛存在的问题。

2. 糟了，我的纸张"死"了！

在纸张的第二次生命活动中，郑景玥着急地说："老师，我的纸张'死'了。"原来有不少孩子第一次就把纸剪得很小，他们说："我的纸'死'了。""我失败了，不能再玩第二次了"……孩子们提出了要让纸张活更久的方法。

陆欣瑶："下一次我们不能一开始就把它剪这么小，我们要先做大的东西。"

老师："原来纸张使用的前后顺序有讲究。"

"我的纸张太小了，不能再玩第二次了。"

陈宣颔："对，还要先画再剪，这样纸张才能活得更久。"根据孩子们的广泛讨论，就形成了初代纸张的"活久久秘籍"（见下表）。

纸张的"活久久秘籍"（初代）		
秘籍招数	秘籍绘制	幼儿讨论
招数1：先画再折再到剪。		彭若琳：玩纸要先画再折，如果先折，纸张就会有折痕，画画就不好看了。 陈宣颔：对，最后才是剪掉。
招数2：先做大的东西，再做小的。		苏奕恺：使用纸张时要先做大的东西，再做小的东西，这样下一次可以做更多东西。
招数3：用各种方式玩。		林子洋：要想出各种用纸玩的游戏，让纸张有更多玩法，这样纸张才能活得更久。

教师的思考：

在课程中，我们看到每个孩子都是一个智慧的思考者形象，当面对身边一些"小障碍"的时候，孩子们提出的解决方法充满了想象与智慧。通过交流分享，幼儿对用纸方法形成了一些共识：画、折、剪等纸张使用方法的顺序、纸张面积大小的前后顺序。通过对处理问题的方法进行梳理，生发出了属于孩子们自己的纸张"活久久秘籍"，这是孩子们自己的生活智慧的成果，也是对"儿童是有能力的学习者"的最好诠释。同时，也有25个孩子由于思考不全面、用纸顺序不对、想不出用纸方法等问题，未获得"活3次勋章"。

策略支持：

1.引发幼儿发起再一次挑战的欲望，鼓励幼儿通过观察同伴、与家长共玩等方法进行头脑风暴，开发出更多纸张游戏的玩法。

2.分享用纸经验，补充或调整纸张的"活久久秘籍"，帮助幼儿对用纸方法形成更具体、更系统的认识。

（三）一张纸可以活五次吗？

上一次"一张纸'活'三次"的挑战中，有15个孩子得到了"活3次勋章"，很多未得到勋章的孩子跃跃欲试："重新拿一张纸开始生命吧，这次我一定好好计划怎么玩！"于是，孩子们发起新一轮挑战——一张纸活五次。为了开发更多创造性玩法，同伴间进行了头脑风暴。在同伴分享中，幼儿的思维非常活跃敏捷，男生分享了利用纸张玩打仗、滚球等游戏，女生则更喜欢用纸张画画、粘贴、做成包包等玩法。除此之外，幼儿把想法带回家，与家长一同商量纸张的创造性玩法，纸炮、纸青蛙、打纸牌、纸电话……无形中，爸爸妈妈的童年与孩子们的童年之间建立起联结。同时，游戏过程中家长的陪伴与讨论能带给幼儿更多的力量与情感支持。

纸扑克 　　　纸电话

纸张爬坡 　　　纸青蛙

在这一阶段的游戏中，孩子们发现了"有的材料班级里没有""数量不够""材料不合适"等问题，在教师的引导下，幼儿反思自己的设计方案，明白设计方案应涵盖材料的种类、数量及来源，并对整个游戏过程保持跟

踪。幼儿在这段游戏中体会到材料对于游戏的重要性。

教师的思考：

游戏记忆是每个人最美好的童年回忆，通过对纸张游戏大搜集，孩子们了解到爸爸妈妈童年喜欢玩的纸张游戏，聆听了爸爸妈妈的童年故事："我爸爸说，他小时候用纸张做成一只会弹跳的小青蛙，按一下就会跳起来。""我妈妈说，她小时候最喜欢做纸炮，'砰'的一声，太有趣了。""还有用纸张折成的话筒，妈妈把折法告诉我了，你看，喂喂喂……"在与爸爸妈妈的交流与共玩中，幼儿的纸张游戏经验更丰富了。家长资源在这里起到的作用，不仅给幼儿提供了更多童年游戏经验与感受，而且串联起两代人的童年生活，共玩爸爸妈妈的童年游戏，引发幼儿更深层的情感共鸣。

策略支持：

1. 借由同伴共玩、家长共玩丰富幼儿纸张游戏的经验，引导幼儿收集并形成"纸张游戏库"。

2. 帮助幼儿思考设计方案的可行性，引导幼儿将使用的材料、数量等进行标注，使设计图更具指导意义。

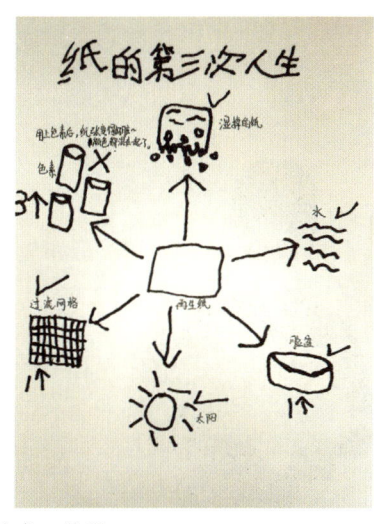

设计图标注材料种类、数量

（四）一张纸可以活八次吗？

随着纸张越活越久，孩子们对于纸的游戏想法及设计越来越多，纸张每一次变化的不同形态都深深地吸引着孩子们去发现、去想象，纸面具、纸口罩、包包、提线纸偶……当这么多玩法被孩子们兴奋地分享时，所有人都忍不住"哇"了起来，为这些创意玩法感到新奇与赞赏。

"看我的纸面具。" 　　"踩着纸桥过河啦。" 　　"测试一下纸桥的承重。"

1. 哎，纸张湿了、皱了，太糟心！

同时，有更多问题浮出水面。王悦竹在玩纸船试验时发现纸张湿透了，她急得快哭出来了。孩子们纷纷围过来，为她出主意。

林子洋说："把纸船放到太阳底下晒干。"

陆欣垚说："用电吹风吹干。"

苏奕凯说："可以拿着纸用手甩干。"

蔡沁忻说："纸既然湿了，不如放在水里，撕碎重新造纸！"

张梓衫说："不如把颜料滴在纸上，做颜料晕染画画。"

扫码观看活动视频

兰雨旸发现折过的纸张做成的风车软趴趴的动不了，孩子们也帮他想办法。

郑景玥："把皱的纸张压平。"

"纸张皱了怎么办？"

李雨彤:"要用重重的东西来压,可以用装石头的篮子来压一压,压得久一点。"

王奕澄:"皱的纸可以捏成纸球。"

高紫叶:"皱的纸可以团成小球,做纸球贴画。"

扫码观看活动视频

根据孩子们的思考,形成了纸张的"活久久秘籍"(优化版)。

纸张的"活久久秘籍"(优化版)		
秘籍招数	秘籍绘制	幼儿讨论
招数1调整:先画,再卷/再折,再到剪/撕。		李沅毅:我发现了更多使用纸张的顺序。先用纸来画画,再把纸卷起来玩。 林疏影:卷完可以再折,然后再剪,最后撕。
招数4:复原皱纸、湿纸。		钟洛辰:当纸变皱了,可以用重的东西把它压平,让它变成原来的样子。 林疏影:夹在书里也能让纸变平整。 李沛湲:湿纸可以用电吹风和电风扇吹干。 陈奕彤:放在太阳底下晒干也行。
招数5:设计图升级。		郭铠宾:我能一次就把所有游戏设计出来,这样我就能知道怎么玩不浪费纸张,让纸"活"得更久了。

教师的思考:

这个阶段让人感触最深的是对于湿纸和皱纸的讨论环节。在大多数成人眼里,湿纸和皱纸是无用的垃圾,但这依旧没有将孩子们的思维固化,他们将之视若珍宝,既有纸张复原方法的表达,也遵从纸张现有的特质"湿""皱",并尝试从多个角度思考。遵从"湿"的特性做彩色晕染画,或用水将其捣碎重新造纸……孩子们有理有据、思维敏捷。

策略支持：

很多幼儿对湿纸和皱纸的解决办法产生了浓厚的兴趣，于是教师顺应幼儿的需要，开展了区域活动。在活动中，幼儿围绕这两种纸张特性，从"复原纸张"与"继续利用"等多个角度进行操作，积累了纸张使用方法的经验。

2. 哈哈，合着玩更有趣。

在越玩越深入的过程中，有限的资源激发了更多的合作行为。有两个小伙伴把相同的碎纸片合在一起，让更多雪花雨带给孩子们更丰满的感官享受。5个男生围在一起，把每人一个的纸球合在一起变成5个纸球，轮流游戏，每

超级雪花雨游戏

两人合作过河　　　　　　"狼和兔子"影子故事表演

个孩子就有了多次扔纸球的游戏机会。还有的孩子寻找不一样的物品和自己的互相补充,欣垚就拿着自己的"大灰狼",找到了沁忻的"小白兔",进行"狼和兔子"的影子故事表演……

教师的思考:

当面对"有限的纸张资源"这一限定条件时,教师引导幼儿去观察同伴的纸张状态,并鼓励他们一起合作,孩子们自然而然地组成游戏团队,实现纸张这一资源的共享。让人惊喜的是,在寻找伙伴时,一部分孩子能有意识地根据资源特征进行筛选,有的寻找相同资源使资源的数量变大,有的孩子根据资源的互补性优化资源配置。当孩子们面对有限的资源,建立起共享的理念时,他们就在社会适应方面迈出了一大步。

孩子们在重复用纸的过程中与纸张建立起情感联结,渐渐产生了惜物之情。在幼儿的眼中,一切都是宝贝,即使是使用过的纸也视若珍宝,他们总能比我们成人更容易发现生活中的乐趣。我一方面感叹一张纸能给孩子们带来如此之大的创想空间,另一方面惊叹孩子们总是能够把生活过得更有趣。

策略支持:

鼓励幼儿之间进行小组合作,体验资源共享、资源互补等最大化利用带给生活的乐趣。引导幼儿思考周围的资源现状,促进幼儿在有限资源的基础上不断与他人建立更多、更密切的联系。

在分享交流中,教师提出:"你们喜欢'一张纸'吗?为什么?"蔡沁忻开心地说:"只用一张纸,我就可以玩8个游戏,带给我8次快乐。"李雨彤说:"碎碎的纸我也舍不得丢,因为它还可以玩出很多游戏。"苏奕凯说:"纸张是我的宝贝。"林子洋说:"纸张的样子在改变,游戏也在改变,主要看我们怎么玩,设计玩法最重要。"通过交流,教师了解了幼儿对于纸张的看法。

(五)重复使用,我的垃圾不落地

1. 突发事件:给小班弟弟妹妹的"塑料袋使用倡议书"。

本周五，在公告栏上小三班贴出了"亲子生日趴"的草地生日会预告。通过调查，我们班的孩子了解到小三班的弟弟妹妹们不久后要在小区大草坪上举行生日派对。"这肯定会产生很多垃圾。""上次我们去秋游的时候，就有很多塑料袋扔在草地上。"……孩子们纷纷议论了起来。于是，围绕最可能产生的垃圾——塑料袋，"一个塑料袋活3次"这个话题被孩子们提出来。根据纸张重复利用活动中积累的经验，孩子们制作了"塑料袋使用倡议书"，到小三班进行宣讲。

作为宣讲员的蔡沁忻说："弟弟妹妹们，我们可以这样使用塑料袋：出发的时候先用塑料袋装着你们的食物。在游戏的时候，可以用塑料袋来玩风筝、降落伞的游戏。在游戏结束的时候，塑料袋就可以变成垃圾袋，把垃圾放到塑料袋里，剩下的塑料袋收起来放在班级，下一次需要的时候使用。"

宣讲员在小三班宣讲"塑料袋使用倡议"

出发时用塑料袋装食物　　聚会中的塑料袋游戏　　回家时用塑料袋装垃圾

2. 家庭节能行动。

"现在想想看，在家庭中要怎么用纸呢？"孩子们踊跃地提出自己的看法：妈妈打印的时候要双面打印；用过的报纸还可以练习毛笔字……于是，一场持久的"家庭节约用纸行动"开始了。

家庭用纸公约 　　　　　　家庭用纸公约 　　　　　　纸张要双面打印哟

用过的纸张还可以画画、练字、擦玻璃

除了用纸，家庭里的什么东西可以重复使用呢？林子洋说："我们家里的水可以多用几次。"高紫叶说："先用水来洗脸，然后用洗脸的水来洗地板。"陈奕含说："用过的水还可以做卫生，浇花。"林疏影说："还有我们玩具车用过的电池，可以放在空调遥控器里面重复使用。"说到做到，孩子们在家里制订家庭节能公约，并行动起来。

水的三次生命：洗米—洗菜—冲厕所

水的三次生命：洗脸—洗手—拖地

这次行动之后，幼儿再看生活中的纸张、水这些资源，他们的看法发生了变化。

王悦竹："生活中这些东西都可以重复使用，以前扔了很可惜。"

陆欣垚："洗完脸的水还可以浇花，淘米水用来浇花也是非常好的，很多宝贵的东西需要我们来发现。"

郑景玥："用得少，垃圾就少，我们的环境就会越来越好。"

李沅毅："用过的东西重复用，就从现在做起。"

教师的思考：

社区是孩子们的家之所在，孩子是社区的主人。这段时间，幼儿通过"一张纸可以'活'几次"的活动，对自己的生活方式和用纸行为有了更多的思考，逐步了解人们的行为与环境之间的关系，形成资源重复使用的节能观念。在此基础上，教师引导幼儿建立与家庭、社区的情感联结。幼儿以家庭主人的身份提出"家庭用纸公约""水的多次利用"等方案，根据家庭实际情况提出合理的资源利用方案。由知到行，孩子们通过自身的行为对未来生活产生影响，节能环保的理念在社区生活和家庭生活中得以践行。

策略支持：

1. 引导幼儿对前后行为加以对比，形成对用纸行为与生活关系的感知。通过对比思考"哪种行为会产生更多垃圾"，促使幼儿进一步思考以往的用纸习惯造成的浪费，提升对自身行为与生活、环境关系的感知。

2. 拓展节约行为，从仅仅关注节纸行为拓展到更多环保行为，让幼儿关注以往不曾留意但的确每天发生的浪费事件，在生活中持续做出积极的环保行为，使行为更具自觉性。

三、教师感悟

"一张纸可以'活'几次？"是一个充满想象力和趣味的游戏活动，通过这次活动，在孩子们眼中，一切废物都是宝贝。变着花样和纸张游戏的过程，不仅包含了幼儿对纸张的创造性玩法，也包含着幼儿基于纸张现有的状态"小""湿""皱"进行的改造。我们看到的是主动、变通、智慧的学习者形象，他们能把眼前情境的不完美处理得更有趣。在这个过程，幼儿真正体验到了废物利用给生活带来的乐趣。活动结束后，教师提出新问题："你们说，在家庭、班级中要怎么用纸呢？"孩子们踊跃地提出了自己的看法：妈妈打印的时候要双面打印，用过的报纸还可以练习毛笔字，画错的纸张还可以继续用……于是，一场持久的"家庭用纸行动""班级节纸行动"开始了。这个过程中，幼儿一步步改变生活习惯，化为节能行动，将节能环保的意识内化于心，并学会根据环境的改变和资源的不同类型而灵活处置，形成自我强化和自我评价。幼儿逐渐意识到保护环境是每个人的责任，从身边小事做起，通过自身的行为对未来生活产生影响。

附录：

1. 课程资源迭代图

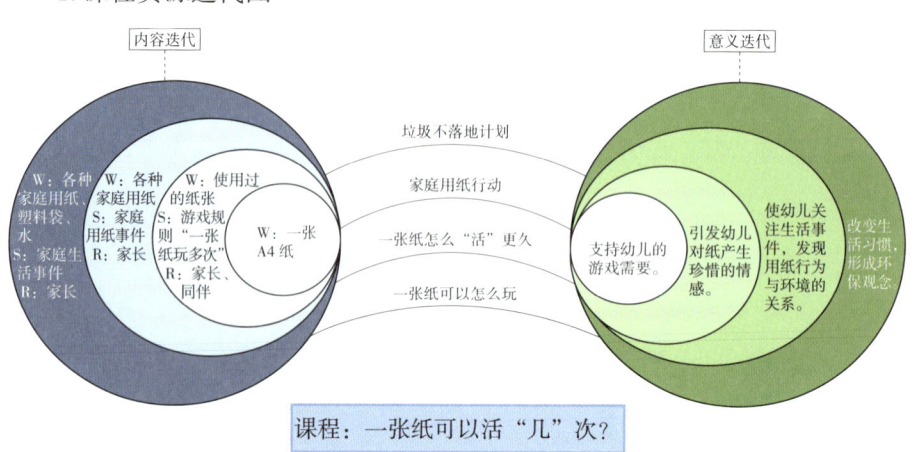

内容迭代：
- W：各种家庭用纸、塑料袋、水；S：家庭生活事件；R：家长
- W：各种家庭用纸；S：家庭用纸事件；R：家长
- W：使用过的纸张；S：游戏规则"一张纸玩多次"；R：家长、同伴
- W：一张A4纸

连接线：垃圾不落地计划；家庭用纸行动；一张纸怎么"活"更久；一张纸可以怎么玩

意义迭代：
- 支持幼儿的游戏需求。
- 引发幼儿对纸产生珍惜的情感。
- 使幼儿关注生活事件，发现用纸行为与环境的关系。
- 改变生活习惯，形成环保观念

课程：一张纸可以活"几"次？

2. 课程资源分析表

课程内容	资源类别	资源信息	资源开发与利用	价值分析
一张纸可以"活"几次？	事件资源	社区事件：人们的行为事件——扔垃圾	围绕这一行为调查人们所扔垃圾的种类和数量，形成关于"纸垃圾"的采访记录、调查表、照片等。	基于对纸垃圾的调查，提出一周只用一张纸计划，开展"一张纸可以'活'几次"活动，促使幼儿探索重复利用纸张的方式。重新审视人们的行为与环境的关系，逐渐建立起资源重复利用、资源共享的意识。
	人力资源	家长资源	通过搜集纸张游戏，引导幼儿发现爸爸妈妈童年喜欢玩的纸张游戏，聆听爸爸妈妈的童年感受。	1. 在与爸爸妈妈的交流与共玩中，幼儿的纸张游戏的经验更丰富了。2. 串联起两代人的童年生活，引发幼儿更深的情感共鸣。
		同伴资源	在玩纸游戏过程中，同伴间互相观察学习、比较学习。	创意玩纸为幼儿创造了互学吸纳的通道，产生了大量的同伴观察学习和比较学习。

续表

课程内容	资源		资源开发与利用	价值分析
	类别	资源信息		
	事件资源	突发的新鲜事——小三班弟弟妹妹的春游聚会	迁移前期活动积累的经验，落实垃圾不落地的行为。	1. 引导幼儿在当下事件中进行观察与思考，让其更加关注周围的世界与发生的事件。 2. 迁移前期活动积累的经验，幼儿对落实垃圾不落地的行为有了具体的实施。 3. 这个过程中，孩子们逐渐意识到保护环境是每个人的责任，对自己生活的小区和社区有了更深的归属感。

（课程实施：福安市第二实验幼儿园东百分园大班　林艳芳）

藏宝寻宝

一、课程背景

在"调查"东百小区里可以玩什么游戏"时,幼儿提到放风筝、跳格子、躲藏、骑行等,最后投票决定玩藏宝寻宝游戏,因为小区户外空间大且布局多样化,不仅树种丰富,高矮、粗细的差异明显,还有各种雕像、亭子、游乐器械等,幼儿觉得藏宝点多,寻宝难,藏宝寻宝有挑战,好玩。

在借助东百小区的空间资源、物质资源开展藏宝寻宝游戏的过程中,幼儿学会了辨识植物和设施设备的特征,学会辨认空间方位。在幼儿自主寻找藏宝点、实地设计藏宝图、寻找搭档的过程中,幼儿不断观察、反思、判断、调整、实践,进而辨析、筛选、整合多种资源,最终找到适宜藏宝寻宝游戏的空间。在藏与寻的游戏推进中,教师充分利用空间资源、物质资源,发展幼儿在生活实景中辨别空间位置、用图示表现空间位置的能力。在藏与寻的同伴互动中,教师抓住幼儿的认知冲突,通过经验分享,提升幼儿辨认空间位置与表现的能力。

二、课程故事

（一）游戏场地大考察

教师的行动——实地考察研讨

为了顺利开展此次藏宝寻宝游戏，教师们对游戏场地进行了仔细考察。各教研组将小区公共区域划分为9个点，实地考察并进行汇总（见表一），辨析教师与幼儿的视角是否相同，有哪些不同，为日后的游戏开展做好准备。

编制东百小区藏宝点　　　　　　　　小班组教师实地考察研讨

幼儿的行动——亲子考察推荐

周末家长带领幼儿对东百小区进行实地观察，幼儿通过绘画记录自己寻找的藏宝区域，并说出理由（见表二）。

表一：教师寻找藏宝点资源汇总图

推荐地点	资源信息	价值分析
1、2、3、5、7、8、9号点	有楼房，四周环绕通道，两座楼房之间有草坪；花草树木品种比较多，大小高矮各不相同；个别地点还有滑梯、球场等。	区域较大，便于幼儿多角度观察、辨识小区各处植物的外部特征，辨识参照物特点，丰富识别空间方位经验，懂得判断、表达藏宝点的方位。

105

续表

推荐地点	资源信息	价值分析
4、6号点	小区最大的绿化带,像个小广场,多处小景观分散各处、错落有致;各处景观距离较远,有鸽子屋,亭子,长颈鹿、羊的雕像,水池;树木丰富,高矮、排列各不相同。	区域范围大,树木品种丰富,分布比较零散,不利于聚焦某个参照物,而且各个景观之间距离较远,幼儿视线可能无法实现大且远的空间辨识。

表二：亲子寻找藏宝点推荐汇总图

推荐地点	理由	推荐人数
1号点	我家住在11号楼,后面花园很大;这儿有一个滑梯,很好玩;这里我很熟悉,很方便。	8
2号点	这里有很多树,藏宝不容易找;楼梯上下有很多花坛,可以藏宝贝;花坛多,可以藏宝贝。	9
3号点	这儿有很多草地;我家在2号楼,这里我很熟悉;这儿很大。	10
4号点	这是小区的大门,有高高的花坛可以藏宝贝;这儿很大,找宝贝不容易。	8
5号点	这里是我家门前的草地,树很多,有的高有的矮,藏宝贝不容易被找到;这里有滑梯,我经常在这里玩,小朋友对这里很熟悉;这里是10号楼和11号楼之间的花圃,有很多小朋友住在这两座楼房里……	10
6号点	这里很大,有很多花丛可以藏宝;大家都很熟悉,因为我们都很喜欢,经常在这里玩;这里有鸽子屋,长颈鹿、羊的雕像,别的地方都没有,最危险的地方就是最安全的地方;这里有高高矮矮的树;这里有很多不一样的树;这里很大很大,可以藏很多的宝贝……	18
7号点	这儿有许多高高的树,宝贝藏上面很安全;这是我家楼前的草地,我喜欢这里;这儿有很多地方可以藏宝贝。	14
8号点	这里很大,我家就在这里,我很熟悉;这儿草地很多。	8
9号点	这里有滑梯,原来是球场,大家都喜欢在这里玩;这里空间大。	9

幼儿调查记录一　　　　　　　　　　　幼儿调查记录二

从表一和表二可以看出教师与幼儿的观察不谋而合，都发现东百小区里支持藏宝寻宝游戏的空间资源、物质资源非常丰富，如空间大且布局多样化，不仅绿化带多，树种丰富，形态各异，还有各种装饰物，游乐器械等，这些都是藏宝寻宝游戏的有利条件。

策略支持：

根据师幼实地考察结果，组织幼儿绘制小区藏宝寻宝资源图。（如下图）

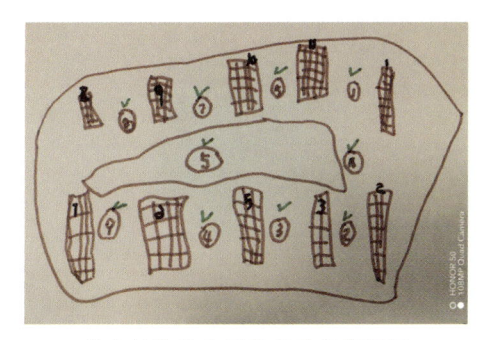

幼儿制作的小区藏宝寻宝资源图　　　　　　寻宝点标识

（二）活动1：全区藏宝寻宝

藏宝寻宝游戏即将开始啦！师幼聊天中发现大部分幼儿都有玩藏宝寻宝的体验，他们对于藏宝寻宝的游戏规则有所了解，藏宝人先藏宝，寻宝人后寻宝。在讨论选择哪些藏宝寻宝点时，他们觉得自己推荐的地点都是最适合的,不愿意放弃自己的藏宝寻宝点。教师尊重幼儿的意愿,展开全区藏宝寻宝游戏,问题也随之出现了。

问题一:宝物藏在不被人发现的地方就可以了吗?

"藏在树上,个子矮的同学不容易发现。" 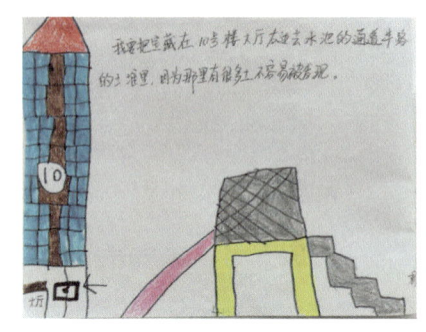　　"我想把宝物藏在10号楼前面的滑梯下面。"

"最危险的地方就是最安全的。" 　　"我要把宝物藏在滑梯上面,很高,他们够不着。"

周末亲子实地考察后,幼儿绘制了初版藏宝图,有的绘制藏宝点的风貌,有的绘制藏宝路线图。他们觉得藏到高处,伙伴够不着;显眼的地方容易被忽视;埋在土里藏起来,不容易被找到。原以为藏到高高的地方或者埋在土堆或者树叶堆里,寻宝搭档够不着、看不见,可是在藏宝的环节就卡住了:自己不够高怎么藏?没有挖土工具怎么埋?有些幼儿虽然在老师的帮助下藏好了,可是一点线索不留,寻宝人无法找到。在寻宝环节,大部分寻宝人找得很辛苦,甚至很多人找不到伙伴的宝物。因为宝物藏在草地上、滑梯上、高树上，可是小区内多处藏宝点都有草地、高树、滑梯，即使注明几号藏宝点，同一个藏宝点有的也有多处草地。由此可见，藏宝点仅仅满足不易被人发现的需求是不够的，还要有标志性的物体作提示。

问题二：藏宝寻宝时间长，怎么办？

"阳阳说的3号楼和4号楼找不到。"

"小区里有太多滑梯了，找得很累，还是找不到。"

"在高高的树上，东百小区里有太多高高的树。"

……

师："寻宝用时太长，怎么办？"

幼："要缩小范围。"

幼："要有很多标志物。"

幼："要像黄昊晨的藏宝图那样画出藏宝点的明显标志。"

……

教师的思考：

在选择合适的空间开展游戏的过程中，教师顺从幼儿的兴趣，让幼儿不断发现问题，并想办法解决问题，给足他们自主探究的时间和空间，让幼儿在选择、体验中筛选周围的资源，支持游戏的进一步开展。

全区藏宝寻宝中幼儿发现了许多问题：范围太大，藏宝图不够具体；藏宝很费时，很难；寻宝人找不着宝物，很累，不安全。因而提出要重新规划藏宝点，并把宝物藏在有明显标志物的地方。

策略支持：

教师组织幼儿集体谈话，重新考察藏宝寻宝点。

谈话中有的幼儿提出藏宝寻宝区域要缩小，有的幼儿提出也不能太小，否则寻宝太容易了，没有挑战。那么，多大的空间适合开展藏宝寻宝游戏呢？于是，教师组织幼儿再次实地考察东百小区，重新规划，最终确定大家熟悉也喜欢的6号点。这里有鸽子屋，长颈鹿、羊的雕像；树木品种多，高矮、叶形特征差异大；树丛、草地多，而且各处特征明显，视野开阔，容易看到伙伴和老师……孩子们重新制作藏宝资源饼图。

孩子们还提出藏宝图绘制要突出藏宝点的特征，周围的景物要画具体些。

第二次实地考察

6号点鸽子广场风貌

鸽子屋

草坡绿化带

长颈鹿雕像

幼儿绘制 6 号点藏宝资源饼图

(三)活动 2:大区域藏宝寻宝

新的游戏地点确定后,幼儿在重新绘制藏宝图、实地寻宝游戏中又出现了新问题。

鸽子广场寻宝现场一

鸽子广场寻宝现场二　　　　　　　鸽子广场寻宝现场三

问题一：实景再现式藏宝图绘制时间太长，游戏无法完成。

由于第一次绘制藏宝图时位置标注不够具体明确，本次游戏幼儿采用实景再现的方法实地绘制藏宝图，描绘出藏宝区域内大部分物体的颜色、形状、姿态，画面丰富。但这种绘制方式需要很长时间，绘完图再进行游戏，半日时间无法完成，于是提出调整游戏的规则，建议提前绘制藏宝图。

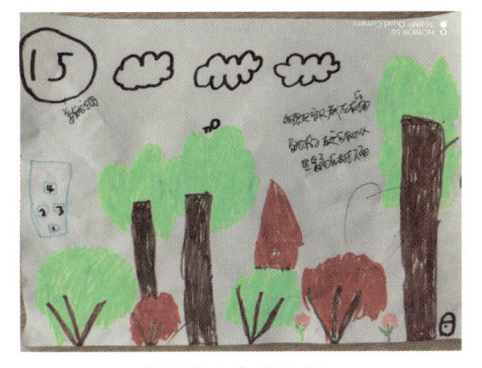

实景再现式藏宝图一　　　　　　　　实景再现式藏宝图二

问题二：参照物太多，没有标明方向，找不到。

幼儿在藏宝图上画出具体参照物的形态特征，他们以为这样就能明确藏宝点的位置，寻宝人可以轻松找到宝物，但是，幼儿画了很多物体作为参照物，没有方向指示，寻宝时一片混乱。分享交流时，幼儿纷纷提出可能藏宝寻宝的场地还是有点偏大，可供参照的事物太多，幼儿难以确定哪些合适，而且方向标注混乱或者没有标明方向。他们建议地点再改小一点，是不是可以定一个物体为参照物，这样容易明确方向。

未标明方向的藏宝图一　　　　　　　未标明方向的藏宝图二

教师的思考：

幼儿绘制藏宝图所用的时间较长，藏宝图没有标注方向，导致寻宝活动失败。讨论时，幼儿根据自己的生活经验提出可以用图示或箭号表示藏宝点的标志物和路线、方向等。对于藏宝图上参照物太多，难以聚焦正确地点，幼儿提出下次游戏要选定固定的参照物。可见，幼儿对于藏宝寻宝的空间资源的大小和物质资源的特征提出了更高的要求，他们的空间辨识经验逐渐提升，懂得要确定藏宝点必须先选定藏宝点上的标志性参照物。

策略支持：

1. 分享交流中提出简化藏宝图，以路线式替代实景式。

组织幼儿分享交流藏宝图时，幼儿发现选择藏宝寻宝点时，除了关注范围的大小，还要考虑场地上事物的明显特征，绘出它们的独特之处，这样可以简化藏宝图，省时、简便。因此，提出用路线图的方式绘制藏宝图。

2. 选定固定景物作为参照物设置藏宝地点，便于辨识方位。

经协商，幼儿选择6号点上的长颈鹿雕像为参照物，尝试制订新的藏宝计划。可以看出，幼儿已经获悉绘制藏宝图时先要选定明显的事物作为参照物，这样寻宝人才能确定藏宝之处。

长颈鹿雕像　　　　　　　　长颈鹿雕像右边景观

（四）活动3：定点藏宝寻宝

总结第二次藏宝寻宝的经验，确定游戏地点仍为6号点，参照物为长颈鹿雕像，再次开展藏宝寻宝游戏。可是，在这次藏宝寻宝中，还是问题重重。

集体藏宝寻宝现场 　　　　　　　　　藏宝寻宝分享交流

问题一：路线式藏宝图，寻宝太容易。

部分藏宝图上，幼儿在参照物周围用箭号标识寻宝的路线，绘制时间依然比较长，寻宝人看图顺着路线就能找到宝物，不需要辨别方向。

路线式藏宝图一 　　　　　　　　　路线式藏宝图二

路线式藏宝图三 　　　　　　　　　路线式藏宝图四

问题二：定点藏宝，宝物都藏在一起啦！

交换藏宝图寻宝时，发现宝物都藏在长颈鹿右边的树丛里，挤在一起，走进去就能看见许多宝物。因为长颈鹿的前方和左边很空旷，草丛又离它太远，无法藏宝，可见，幼儿的视觉区域仅限于近处，想不到更远一点的地方。

宝物藏在长颈鹿雕像后面的花丛里 　　　宝物藏在长颈鹿雕像前面

宝物藏在长颈鹿雕像脚下 　　　宝物藏在长颈鹿雕像右边

问题三：藏宝图不能准确标明藏宝点的方位

很多幼儿在绘制藏宝图时出现错误，有的方向标错，有的景物特征不准确，有的方位标识不清，导致寻宝人找错或者根本无法辨识位置。于是重新调整游戏规则，寻宝人可以发出求助，藏宝人用言语提示宝物所藏之处。

教师的思考：

幼儿原以为选定参照物便能玩藏宝寻宝游戏了，游戏中却发现视野受限，藏宝点范围过小，宝物挤在一起，寻宝轻而易举。同时，寻宝中幼儿发现路线式藏宝图太简单，而情景式绘制又太费时，引发幼儿思考怎样的藏宝图绘制简单而且易懂。第二次游戏后，幼儿纷纷提出新想法，需要重新寻找藏宝点，重新设计藏宝图。随着游戏的逐渐深入，课程资源的开发与利用更合理、更全面，能够最大限度地发挥资源在课程中的价值。

策略支持：

1.参照物固定，藏宝寻宝空间受限，需重新寻找藏宝点。

由于设置固定点为参照物，藏宝空间受限，决定集体实地寻找新的藏宝点。孩子们找到10号楼和11号楼之间的绿化带为新的藏宝寻宝点。这个地方有一片大草地，一眼能望见四周花坛、花圃和树木；

5号点（10号楼与11号楼之间）风貌

这些花坛大小形状各异，有M型、弯钩型、正方形；树木的形状、颜色、高矮各不相同，且排序有规律；这里还有房子、人物雕像。看来，幼儿在选择、辨析资源的可利用价值方面越来越靠近藏宝寻宝游戏的要求。

方型红花檵木花圃

花坛组合 　　　　　　　　　　　七棵树花圃

M型红花檵木花圃 　　　　　　　人物雕像

2.藏宝图图示征集，形成共识，使藏宝图简洁明了。

由于路线式藏宝图寻宝难度低，幼儿决定换一种方法画藏宝图。经调查发现，可运用简单的符号或者颜色表示相应的物体，并征集藏宝图的图示。其中高矮不同的树、客体的上下前后左右如何标注争议非常大，最后大家通过投票选定相应的图示，形成共识。

5号点参照物图示一 　　5号点参照物图示二 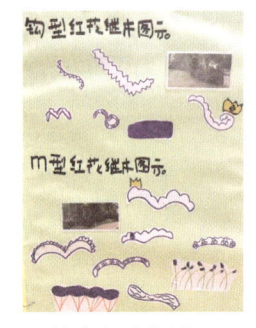　　5号点参照物图示三

5号点参照物图示四 　　5号点参照物图示五 　　5号点参照物图示六

3. 调整游戏规则，充分发挥同伴资源的利用价值。

游戏中经常出现寻宝人找不到宝物而暂停游戏的情况，教师引导幼儿思考，是否可以适当地调整游戏规则。幼儿集体调整游戏规则，提出当寻宝人无法读懂藏宝图时，寻宝人可以发出求助，藏宝人用语言提示，从而继续游戏，也可通过伙伴间互动，判断与纠正幼儿用正确的语言来表达空间方位。

1. 藏宝人跟随寻宝人，不许向寻宝人提示自己宝物的位置。

2. 寻宝人一次只能选定一个藏宝点。

3. 无需帮助找到宝物得到"点赞"卡。如果发出求助后找到宝物，得到"加油"卡。

（五）活动4：小区域藏宝寻宝

10号楼和11号楼之间的绿化带作为新的藏宝寻宝点，游戏的玩法也升级，由原先的一对一互换藏宝图寻宝变为藏宝队和寻宝队集体合作。随着藏宝图上新图示的运用，以及游戏玩法的改进，游戏的难度也越来大。幼儿在一次游戏中可以与多个伙伴交换藏宝图。随着游戏的不断深入，幼儿在绘制藏宝图与寻找宝物的过程中，发现藏宝和寻宝都必须先定方向，但藏宝点的辨识与表达的难度也逐渐加大。

幼儿绘制5号点藏宝图一

幼儿绘制5号点藏宝图二

5号点幼儿寻宝现场一

5号点幼儿寻宝现场二

小区域藏宝寻宝游戏的过程就是各种问题出现的过程。

问题一：藏宝图上前后与上下方向和高矮不一的树，要怎么标注？

游戏中寻宝人与藏宝人产生争执，寻宝人认为藏宝人的藏宝图绘制有错误，导致无法找到宝物，而藏宝人认为自己明明标注得很清楚。原来是藏宝图上幼儿对于前后与上下的图示以及树的高矮标识模糊不清，寻宝人很难辨别。如下面"宝物藏在滑梯前面的草丛里"与"宝物藏在滑梯下面"两幅藏宝图的箭号都打在滑梯的下面，寻宝人怎么判断箭头到底指的是"前面"还是"下面"呢。由此，幼儿发现了立体空间里的方位要如何在平面藏宝图上表现的问题。

扫码观看
活动视频

"宝物藏在滑梯前面的草丛里。"    "宝物藏在滑梯下面。"

问题二：藏宝图上的左右方向要怎样标注？

对于藏宝图上参照物左右方向的表述，幼儿纷纷提出自己的建议：先确定藏宝的地点，再寻找周围可作为参照物的物体，并在藏宝图上准确标注方向；辨别参照物的左右时，让自己转个身，把自己当成参照物。寻宝人在交流中不断总结看藏宝图的经验，要先看什么是参照物，再根据参照物的箭号辨别宝物的所在之处。

"宝物藏在滑梯右边的鸡爪槭树下面。"    "宝物藏在滑梯前面左边的杨梅树下面。"

问题三：有些参照物四个面长得不一样，怎么办？

游戏中寻宝人发现有两张藏宝图都以滑梯为参照物，可是他们的滑梯圆筒方向不一样，这是为什么？大部分幼儿认为是藏宝人画错了，而藏宝人说，是她画画的位置不一样。经过实地观察，发现站在滑梯的四个方向时，圆筒的方向还真不一样。随着深入观察研究，幼儿发现有个花坛也有四个面，其中两个面长得不一样；红花檵木花圃四个面长得一样；鸡爪槭花圃也有两个面不一样……"咦，这可怎么办？"教师抛出问题。幼儿有的说："不要把它们当作参照物。"有的说："不行，这样我们的参照物太少了。"有的说："可以用，这样可以加大难度，藏宝寻宝不是更好玩。"最后大家一致决定先用滑梯试试。

扫码观看活动视频

"宝物藏在滑梯右边第二棵金针女贞下面。"    "宝物藏在滑梯右边的龙血树下面。"

圆筒滑道在滑梯的右边    圆筒滑道在滑梯的左边

圆筒滑道在滑梯的前边　　　　　　圆筒滑道在滑梯的后边

教师的思考：

1. 辨识方向要先定向，左右标注法逐步辨清。

随着游戏的不断深入，幼儿对于藏宝游戏的要求越来越高了：游戏空间不能太大，要一眼能看见彼此；要有很多不同的景物，可以作为定向的参照物不能太少；藏宝人和寻宝人都必须学会定向，这样才能准确地表现和辨识宝物的位置。在辨识参照物的左右时，他们有了自己的想法，可以转身180°，也可以是自己面向参照物时，方向刚好与自己相反，辨认和标注方向的方法恰当，方向标注越来越明晰与精确。而5号点的资源能满足幼儿辨认方向的所有需要，能帮助幼儿较为准确地判断参照物的左右方向，不断提升辨识经验。

2. 同伴资源促使方向的标注与表述逐步准确。

游戏规则规定，当寻宝人向藏宝人申请求助时，藏宝人必须用语言提示寻宝人。这样寻宝人与藏宝人可以一对一地检验藏宝点的表述是否正确。充分调动同伴资源，在表达、聆听、辨识中促进藏宝人和寻宝人正确表述和理解藏宝图，在这个过程中，幼儿的空间视觉感提升了。

策略支持：

1. 帮助幼儿确定参照物前后、左右图示和树的高矮图示。

实景的三维空间给绘制藏宝图增加了难度，曾造成幼儿表达的混乱。为了便于寻宝人辨识藏宝图上的标示，幼儿通过商议，提出前后、上下、左右用箭号标示："前后"用朝上朝下箭头画在参照物体内，"上下"用朝上朝下箭头画在参照物体外，"左右"用朝左朝右箭头画在参照物体外。树的高矮通过在树冠上画横线标识，比如最高的树横线画在树的顶端。最后，给投票选定的图示戴上皇冠。

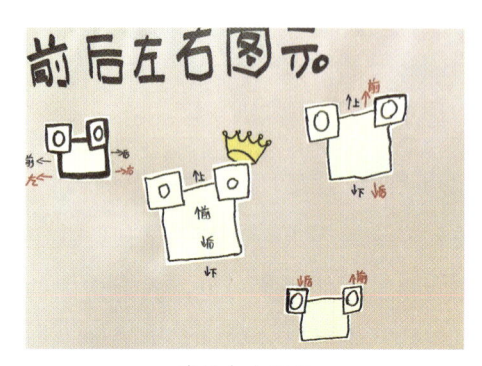

前后左右图示

树的高矮图示

2. 增加滑梯三个面的图示。

依据游戏中的发现，幼儿重新绘制滑梯的图示，最后一致确定以下四张图示。

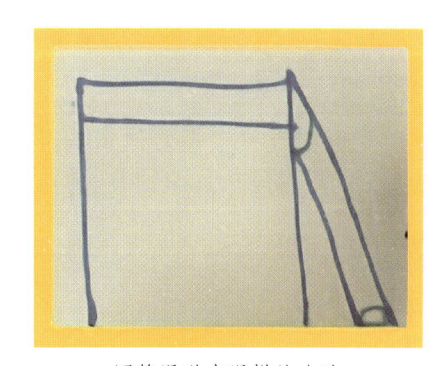

圆筒滑道在滑梯的右边

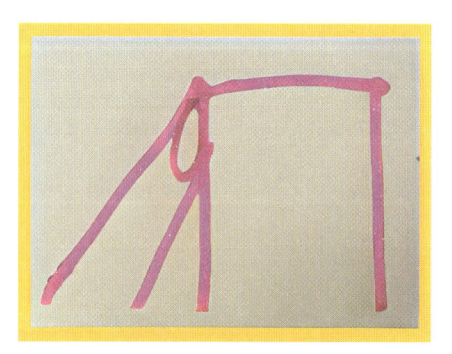

圆筒滑道在滑梯的左边

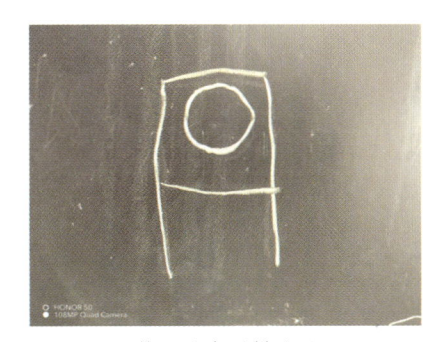

圆筒滑道在滑梯的前面　　　　　　　　圆筒滑道在滑梯的后面

三、教师感悟

1. 在幼儿园的课程资源应源于幼儿的生活、兴趣和需要。

陈鹤琴曾说："'满山枫叶红似火，遍地秋草黄如金'。秋将尽，冬方始，黄花野果俯拾皆是，农家之收获，常人之腌藏，皆忙碌异常。儿童见此景况，即学校不加指点，能不油然生发一种兴趣吗？"这段话正表达了开发利用课程资源的出发点——幼儿生活的环境蕴含了激发幼儿兴趣、问题和需求的各种可能，幼儿的游戏多是基于生活经验的再现或再创。东百分园是东百小区的配套幼儿园，虽然独立门户，但与东百小区相邻，幼儿园大门与小区后门相邻，进出方便，东百小区是幼儿最为熟悉的生活场域。本游戏中，教师追寻幼儿的游戏兴趣和需要，在师幼协同寻找最佳藏宝寻宝点的过程中，一同走进小区，观察、认识多样化的物力资源，审视各种资源的价值，利用这些资源推动游戏的开展，发展幼儿空间认知能力。

2. 资源的开发与利用，应建立在帮助幼儿解决学习难题，并能反复学习与应用的基础上。

活动中师幼一起在熟悉的生活场域中开发利用周围的空间、动植物、设备设施等资源开展藏宝寻宝游戏，藏宝人和寻宝人若要准确判断物体的方位需要经历反复学习与实践的过程。当他们学会判断自己的左右手，进而运用此经验辨认、表现客体的左右时常出现混乱，因此教师要给幼儿提供无数次表达的机会。游戏中幼儿通过观察、筛选、体验，寻找最适宜的游戏地点，这个过程不仅满足了幼儿藏宝寻宝的游戏需要，而且使幼儿不断丰富空间认知经验，不断提升空间辨识、表达的能力。

3. 通过对空间资源的筛选、判断、利用，发展幼儿对空间方位的认知。

幼儿在大小不同的空间环境中，利用各种物力资源开展藏宝寻宝游戏，尝试运用上下、前后、左右、旁边、周围等方位词描述物体的位置。幼儿首先学会辨别左和右，知道拿笔的手是右手，另外一只手是左手；确定客体的左右时，可以转身180°，也可以面向客体，方向刚好与自己相反。幼儿在考察空间资源与游戏体验中，逐渐学会判断空间位置和通过绘画描述空间位置。

4. 通过参照物的选择与辨识，提升幼儿对资源的认知与利用。

游戏中由于绘制时间和寻宝难易的考量，藏宝图几经调整，由实景式到路线式，再到图示式，从复杂逐渐走向简单。幼儿在绘制藏宝图的过程中，多角度观察周围资源特征，并合理开发利用资源。在征集图示时，幼儿各抒己见，其中对于树的高矮与空间排列、前后和上下方位的标注箭头如何区分，争议比较大，最终以投票的方式决定，形成图示征集版和最佳图示集，培养幼儿运用符号和语言对空间进行描述的能力，让幼儿的空间认知由三维空间向二维转换，由可视化走向视觉化。

5. 在反复几次藏与寻的游戏中，趣味寻找适合游戏的场所。

幼儿在藏与寻体验式游戏中不断学习、实践，提升空间感知能力。藏与寻贯穿整个课程中，幼儿在不断与环境的相互作用中尝试用新的空间感知方法，解决辨识与表现空间方位的问题。这个过程给幼儿提供大量练习和应用的机会。例如，藏与寻游戏规则不断调整，幼儿相互间彼此纠错。又如不同地点的藏宝寻宝游戏，不仅让幼儿明白藏宝点需要具备的条件，同时也感知空间的大小，因此在自主考察、选择场地的过程中，不断颠覆原认知，运用新经验来解决游戏中出现的实际问题。

附录：

1. 课程资源迭代图

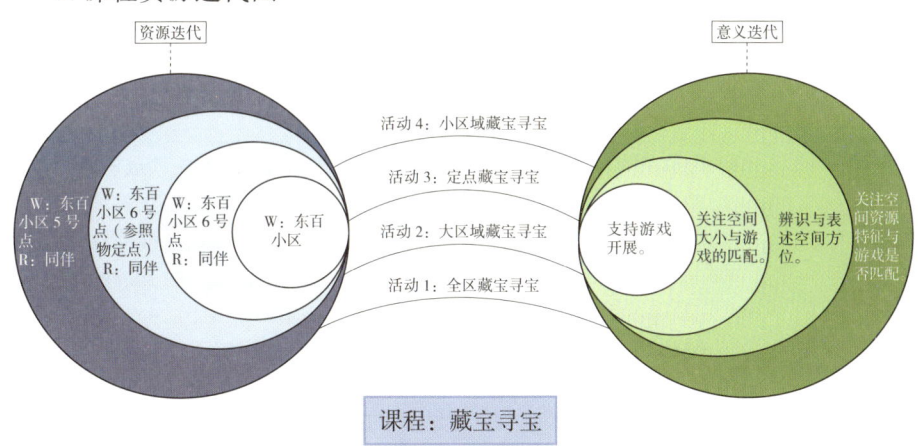

资源迭代

W：东百小区5号点
R：同伴

W：东百小区6号点（参照物定点）
R：同伴

W：东百小区6号点
R：同伴

W：东百小区

活动4：小区域藏宝寻宝
活动3：定点藏宝寻宝
活动2：大区域藏宝寻宝
活动1：全区藏宝寻宝

课程：藏宝寻宝

意义迭代

支持游戏开展。

关注空间大小与游戏的匹配。

辨识与表述空间方位。

关注空间资源特征与游戏是否匹配

2. 课程资源分析表

课程内容	资源类别	资源信息	资源开发与利用	价值分析
藏宝寻宝	空间资源	不同自然景观、设施设备、建筑等形成布局与结构	在大小不同区域内开展游戏，探究藏宝寻宝对空间范围的要求。	1. 感知空间的大小，选择适宜的空间进行游戏。 2. 判断、表达、表现藏宝点的方位，提高空间视觉化感知能力。
	自然景物	草地、水池	感知其特性。	因其特性，知其不适宜藏宝。
	植物资源	名称、高矮、大小、粗细叶形、枝条排列与组合	多角度观察、辨识、了解小区各处植物的外部明显特征。	1. 辨析参照物特点，画出其明显的外部特征。 2. 丰富空间方位识别经验，懂得判断、表达、描述藏宝点的方位。

续表

课程内容	资源类别	资源信息	资源开发与利用	价值分析
	设施设备资源	亭子，鸽子屋，桥，人，长颈鹿、羊雕像，滑梯，房子，花坛，花圃，停车牌	认识其外部特征，感知不同方向的特征。	1. 辨析参照物特点，画出其明显的外部特征。 2. 丰富空间方位识别经验，能判断、表达、描述藏宝点的方位。
	人力资源	同伴资源	组成藏宝寻宝小分队；两两结对，一人藏宝一人寻宝。	1. 在两两结对进行藏与寻的过程中，相互验证藏宝图的绘制方式与准确性，促进幼儿对于空间方位的准确表达。 2. 红、黄、蓝、绿寻宝小分队的互相比赛，充分调动幼儿的挑战欲，在"如何藏才能让对手找不到，让搭档尽快找到"的思考中，提升根据空间图示寻物的敏捷性。

（课程实施：福安市第二实验幼儿园东百分园　刘艳玲）

才不是懒孩子

一、课程背景

活动缘起于幼儿与家长间的一场争论。当幼儿在园内积极参与劳动并获得劳动成果时，家长却对幼儿的劳动成果表现出质疑与不信任，这无形之中打击了孩子们参与劳动的热情。教师不禁思考，在园积极主动参与劳动的孩子，在家中真的是个小懒虫吗？是家长对幼儿的刻板印象，还是幼儿真的缺乏劳动意识和劳动能力呢？为了了解事实真相，支持孩子们力证"清白"的需求，以及引导家长建立正确育儿观和劳动价值观，我们开展了一场关于劳动的课程，利用家庭劳动资源，组织家长与幼儿共同参与，促使家、园同步体验劳动的乐趣，感受劳动的价值。

劳动教育是幼儿健康成长过程中重要的教育内容，我们利用此次劳动事件资源，把握劳动教育契机，开发劳动课程。通过整合幼儿生活中的人、事、物资源，教师们拓展劳动教育的内容，深入挖掘劳动教育的价值，使幼儿在劳动教育中获得全面发展。首先，充分利用家、园的劳动环境资源，提供幼儿可劳动的环境，开展家务劳动和园区劳动，给幼儿提供参与劳动的机会，激发劳动兴趣。其次，劳动教育的场所不能仅限于幼儿园，需要更多的家、园合作，家长的劳动观念及行为、幼儿与同伴间的劳动经验交流，都对幼儿的劳动意识及劳动能力有着直接或间接的影响。因此，需要调动家长资源，让其参与到劳动教育实践中，成为劳动教育的实施者、支持者；利用幼儿的同伴资源，通过对比学习，促进劳动经验交流，提升劳动意识和能力。再次，劳动工具是具有可探索性的物质资源，不仅能支持幼儿开展劳动活动，还能让幼儿在实践过程中探索其使用方法及成效。最后，虽然是由劳动事件资源引发的课程活动，但在活动中通过不断对比幼儿在家与在园的劳动情况，引导家长反思自身劳动观念及教育行为，给予幼儿劳动机会，建立起相互信任的亲子关系，形成良好的家庭劳动氛围；利用无形的社会资源，使得家、园教育同步，促进幼儿社会性发展。

二、课程故事

（一）孩子们真的懒吗？

在离园时段，一场关于劳动的亲子对话，引起了家长和孩子们的争论。

孩子们在幼儿园的劳动表现得到了老师和同伴们的赞扬，但家长们却纷纷质疑：在家什么活都不做，在幼儿园会做这么多事情？此时，孩子们十分委屈，于是，老师也加入这场讨论，一番沟通后，家长们仍旧半信半疑。

浩浩："妈妈，因为我值日生当得好，桌子擦得干净，还能提醒小朋友收拾小碗，所以老师今天表扬我了呢！"

妈妈："你会做吗？在家里你可是只小懒虫，我要去问问老师。"

浩浩："真的，今天我还被评为小组长呢，只有能干的人才能当小组长！"

嘟嘟："我也很能干，还帮助老师挂小毛巾！"

爸爸："我不信，经常帮倒忙的人会这么能干。我让你帮忙把地上的扫把扶起来，你可是无动于衷的，好像都与你无关。"

面对孩子们的不服气和家长们的质疑,教师利用家庭和幼儿园的劳动环境资源,开启了一场"我很能干"的活动比赛。教师在幼儿园悄悄记录孩子们"能干"的镜头,家长则在家偷偷记录"懒孩子"的表现。而当老师、家长和孩子们一起观看孩子们在家的视频时,老师们十分诧异,明明孩子们在学校都是老师的好帮手,怎么就成为家里的懒孩子了呢?对此,孩子们都很不服气,争着解释没有参与劳动的原因,而家长们也对孩子在家的劳动情况给出了评价。

孩子们的解释是:"妈妈说我会越帮越忙,不让我做。""我在幼儿园都会帮助小朋友整理衣服,可是在家爸爸说我会把衣橱搞乱。""老师,你让我帮忙整理玩具橱,都表扬我了,可是在家里妈妈说我会打碎花瓶,不让我干活。"

家长们的想法是:"我家孩子好懒啊!玩具书本到处扔。""让他帮忙擦桌子,结果就把茶杯打碎了,早知道,就我自己整理了。""孩子还小,没什么责任感,还是多看点书,这些事以后都会做的……"

教师静静聆听孩子与家长的想法,原来,孩子们在家并不是不愿意参与家务劳动,而是由于家长们的固有观念,将孩子的劳动能力弱化,剥夺了幼儿参与劳动的机会,同时忽视劳动教育的价值,缺乏把握劳动教育契机的经验,使得幼儿对劳动活动的兴趣逐渐减少。于是,教师将孩子们在园的"很能干"的视频分享给家长们,班级群里顿时炸开了锅。家长们看到自己的"懒孩子"在幼儿园积极参与班级劳动的场景,十分惊讶。"原来我家孩子这么能干,为什么在家都不愿意做呢?""瞧,我家孩子扫起地来有模有样的。""在家里连一本书都不愿意整理,在幼儿园会擦桌子。""是啊,我孩子在幼儿园里真不错,自己的被子叠得好整齐。""孩子们在幼儿园都是棒棒哒,为什么回到家就变样了呢?"

教师的思考：

为什么孩子在幼儿园和在家里的劳动表现会截然不同呢？在幼儿园劳动时，教师的退位为幼儿提供了自我服务、为他人服务的机会，让幼儿在劳动中感受到劳动的乐趣，实现自我价值赋能；当幼儿在观看同伴的劳动情况时，不仅能够习得更多的劳动经验，还能激发自身劳动的主动性。在家庭劳动时，由于家长的过度包办、不信任，导致幼儿缺少劳动机会，削弱了幼儿主动劳动的欲望，然而这种劳动机会是幼儿成长路上不可或缺的、具有重大教育价值的一种资源，能够帮助幼儿在劳动体验中树立能吃苦、有担当、坚持不懈的学习品质。

策略支持：

1. 与家长就本次劳动事件展开漫聊，以轻松畅聊的形式，引导家长对自己的教育方式进行反思，重视劳动教育的价值，给予幼儿试错机会，尝试转变教育观念。

2. 有效利用家庭资源，鼓励家长参与到劳动课程中，形成家、园同步的教育模式，有效促进课程实施。

（二）家务劳动我能行

面对家长们提出的种种疑惑，我们开展了一次主题为"幼儿劳动力"的漫聊会。"我是不是在家没有给孩子提供劳动机会，让孩子养成了惰性？""是不是因为我不相信孩子？""我总怕孩子做不清楚，事事都插手。"家长们反思自己教育方式的同时，尝试改变自己的观念和行为，他们提出："要不先让孩子扫扫地，即使他们越扫越脏？""他们会干什么呢？有什么简单的家务活让他们试试？""我们先找些符合孩子年龄的活，让他们试试。"老师说："其实不怕孩子们在劳动时有状况发生，解决状况就是最好的学习契机，家长们还是对孩子不信任、不放手。归结到底，是你们不了解劳动对于孩子成长的重要价值，对幼儿参与问题解决的发展潜能不够了解。"

通过教师、幼儿、家长三方的交流，教师发现，家长开始反省自己的教育方式，而教师作为活动的助推器，在推动家长参与劳育实践的同时，还要引导家长关注幼儿的能力水平，找到适宜幼儿参与的劳动活动，提升幼儿的自我价值认同感。只有让家长参与课程，认可劳动价值，见证孩子在劳动中的收获与成长，才能真正有效转变其劳动教育观念。

于是我们组织了"家务劳动我能行"的活动，活动的参与者有家长、幼儿、教师。教师引导幼儿与家长讨论适合自己的家务劳动内容，指导家长观察幼儿的劳动情况，及时给家长和幼儿提供帮助。以下是几个家庭劳动场景。

1. 熹熹家

熹熹妈妈："宝贝，你想帮助妈妈做什么家务？"

熹熹："妈妈，我觉得你每天洗碗好辛苦，我可以帮你洗碗。"

妈妈："那你知道要怎样洗碗吗？"

2. 昕昕家

妈妈："哎呀，今天地板需要清洁了，有谁可以帮忙呀？"

昕昕："我我我，妈妈，我保证完成任务。"

妈妈："你确定可以吗？"

昕昕："先扫地，然后再拖地板。"

3. 蒙蒙家

熹熹帮助妈妈洗碗

蒙蒙："妈妈，今天是星期天，我来帮你叠被子吧。"

妈妈："不用不用，你去玩吧，妈妈自己会叠，你尽会帮倒忙。"

蒙蒙："我在幼儿园都是自己叠被子，老师都表扬我了，我会的。"

虽然爸爸妈妈们对孩子们的劳动能力仍有许多顾虑和质疑，但是孩子们都敢于尝试，并争取了一次证明自己"劳动家务我能行"的机会。说干就干，孩子们撸起袖子认真地干起家务活来。有扫地的、叠被子的、洗碗的、晾晒衣服的、倒垃圾的、整理收纳的……家长惊喜地发现，孩子们能巧妙地借助劳动工具进行劳动，例如：

工具一：洗洁精

妈妈："这小家伙还真不错，知道洗碗要加洗洁精，用洗碗布将碗的里里外外洗得干干净净。"

工具二：透明胶

妈妈："我真是小瞧我家闺女了，小机灵鬼知道拿透明胶去把小头发丝粘干净。这个办法我真是服了。"

昕霖："地板上的小头发我是怎么扫都扫不干净，就用了透明胶去粘，我聪明吧！"

昕霖用透明胶粘发丝　　　　　　浩晨用晾衣杆晾衣服

工具三：晾衣杆

妈妈："我家的小调皮蛋晒的衣服像菜干，不过晾衣服的时候够不着，知道用上晾衣杆。"

浩晨："妈妈，我知道够不着时不能爬高，可以用长长的晾衣杆来帮忙。"

原来孩子们对家务劳动并不是一无所知，家长做家务时，孩子们通过观察，将家长的劳动行为转化为自己的劳动经验，运用到自己的劳动活动中，是具有观察力的小小劳动者。

教师的思考：

这次，家长们对"懒孩子"有了新认识，"懒孩子"其实并不懒。家长们以示弱、邀请等方式，激发幼儿劳动欲望；孩子们能运用对劳动工具的已有认知自主解决问题，提升劳动能力。我们应始终相信，每个孩子都是具有"超能力"的。

生活劳动需要在具体的生活场景中开展，不同的劳动场景，能为幼儿提供不同的劳动体验，使幼儿获取不同的劳动经验。例如：有方便的水槽，就有让幼儿锻炼洗碗的机会；有脏污的地面，就有让幼儿清扫地面的机会；有需要清洗的衣裤，就有让幼儿晾晒衣裤的机会。然而，不同的劳动场景各有特点，这决定了劳动的难易程度也是不同的，需要幼儿观察、模仿、学习、了解特定场景中的劳动需求及劳动技能，并运用习得的经验，服务自己与他人的生活。

策略支持：

1. 教师与家长相互交流并梳理本次幼儿家务劳动中存在的问题，通过交流，了解家长对幼儿劳动情况的看法，对于家长的转变给予肯定和支持。

2. 引导幼儿与家长再次讨论家务劳动内容，观察家庭劳动场景，扩大劳动范围，拟定家务劳动清单，按计划劳动，习得更多的劳动经验。

(三)家务劳动清单的作用

在第一次家务劳动实践中,教师发现孩子们远比我们想象的要勇敢、独立、有创意。通过与家长交流,教师发现孩子们对劳动内容的认识比较有限,大部分孩子认为劳动仅包括打扫、晾晒、洗碗等家务,因此,教师引导幼儿就"在我家中,劳动活动还可以有哪些?"这个问题在家庭中展开调查,梳理家庭中的具体劳动内容,拟定自己家的家庭劳动清单。幼儿通过观察生活,梳理生活中的大小事件,以绘画的方式制作家务劳动清单,从劳动清单中观察、判断自己可胜任的劳动内容。

幼儿拟定的家务劳动清单

拟定好家务劳动清单后,孩子们的劳动热情高涨,按照自己和爸爸妈妈共同拟定的家务劳动清单,开始行动!此后,家务劳动成了孩子们在园漫聊的热门话题,每天都能听到孩子们得意洋洋地向同伴们炫耀:"我妈妈昨天表扬我了,说我地板扫得很干净。""我已经拖楼梯两天了,妈妈说要给我奖励。""我还学会了使用除螨仪,我用除螨仪清除了被子上的螨虫,被子干净了。"而班级交流群也逐渐热闹起来,每天都有家长在群里反馈幼儿的劳动情况。

阳阳爸爸:"我家宝贝真的进步了,会询问我,为什么卫生间里的拖把形状、材料、造型不一样,有什么不同。"

梓彤妈妈:"我家孩子之前经常帮倒忙,不是碰翻这个就是打碎那个,以前我会大声批评孩子。经过这段时间与孩子的约定,我看到孩子每天都在进步,我放心了,不在旁边指手画脚了,每次的鼓励都是真心给孩子的肯定。"

阳阳调查家中不同种类的清洁工具

宸宸爸爸:"孩子最近承担了每天洗碗的任务,清洗好餐具之后,还会主动问我,水槽要怎样清理才会干净。我一边示范一边讲解,发现小家伙很认真地在听,在学。我感觉,在家务劳动中,促进了和孩子的亲子之情。"

梓彤主动帮忙擦桌子

宸宸询问水槽如何清理

月月妈妈："我家孩子现在可棒啦！洗好碗之后知道把洗碗布拧干，挂好晾干。"

欣悦妈妈："我家女娃帮忙洗碗时，先研究洗碗布、清洁球、海绵擦，会问我为什么要准备这些工具，它们都有什么用途呢！"

月月正在洗碗　　　　　　　欣悦与妈妈讨论这些工具的用途

教师的思考：

劳动教育蕴藏着重要的学习价值，能为孩子提供丰富的感知和操作机会，使孩子在各种劳动活动中获得全面发展。家长们在参与劳动教育的过程中，其观念和行为也在悄然变化，从因不放心而时时干预，到逐渐放手且适时介入，从幼儿劳动能力的质疑者转变为信任者和支持者。在劳动教育过程中，家长的教育方式是影响幼儿劳动活动成效的重要因素之一。幼儿的生活经验不足，劳动能力较弱，对劳动工具、劳动方法的使用了解有限，因此，家长要了解幼儿在劳动中存在的问题，根据具体情况给予适当的引导，通过"给予机会—示范指导—反思问题—对比研究"这个过程，促进幼儿树立劳动观念，提高劳动能力，养成劳动习惯。

策略支持：

1. 举办"劳动小妙招征集会"，鼓励幼儿及家长共同探索劳动工具的使用方法及成效等，发现劳动的多种教育价值，转变家长的观念及行为。

2. 引导幼儿设计"劳动妙招导向图",深入挖掘幼儿周围的劳动资源,通过同伴交流,共享劳动经验。

<h3>(四)劳动工具使用小妙招</h3>

在多次劳动中,孩子们发现了许多劳动工具的用途和使用方法以及使用效果。他们发现,这些工具有的更省力,有的更省时,有的更洁净。原来,劳动也有大学问呀!为此我们举办了一场"劳动工具使用小妙招"征集会。孩子们通过在家劳动实践,对比劳动工具的使用效果,将自己的劳动小妙招设计成"劳动妙招导向图",与同伴分享。

1. 洗碗大发现

多多:"妈妈,我发现我们家有很多洗碗工具呢!瞧!有干抹布、湿抹布、海绵块、铁丝球、洗洁精。"

妈妈:"今天我们的碗有些菜渍很难洗,你试试看,用哪种工具清洗更容易?"

多多用多种工具洗碗

多多:"我试了抹布、海绵,都没洗干净,最后铁丝球成功了!"

妈妈:"看来铁丝球的秘密被你发现了。"

多多:"原来,每种洗碗工具都有不同的用处呀!洗碗也太有意思了吧!"

2. 擦桌子大发现

宸宸:"原来擦桌子的布也有好多种。"

爸爸:"做个试验吧,看哪种布吸水最好。"

宸宸:"爸爸,这种是叫纱布吗?纱布做的擦桌布最好用,最能吸水。而且,有毛的擦桌布也好用。"

3. 拖地大发现

熹熹:"妈妈,今天我来拖地板,可是卫生间里有好几种拖把,我用哪一把呀?"

妈妈:"来吧,我们一起来试试。"

熹熹:"圆形的拖把,没办法拖边角,只能用这种长长的拖把。"

熹熹发现用长条形拖把更容易清理边角

4. 扫地大发现

妈妈:"宏宏,你知道我们家的扫把都有哪些吗?"

宏宏:"竹扫把和毛扫把,还有拖把。"

宏宏:"妈妈,竹扫把和毛扫把都可以把地板扫得很干净,对吧?"

妈妈:"是的,可是竹扫把和毛扫把应该在哪些地方使用呢?"

宏宏:"幼儿园和家里经常用毛扫把;公园里扫落叶时用竹扫把。"

宏宏对不同扫把用途的思考

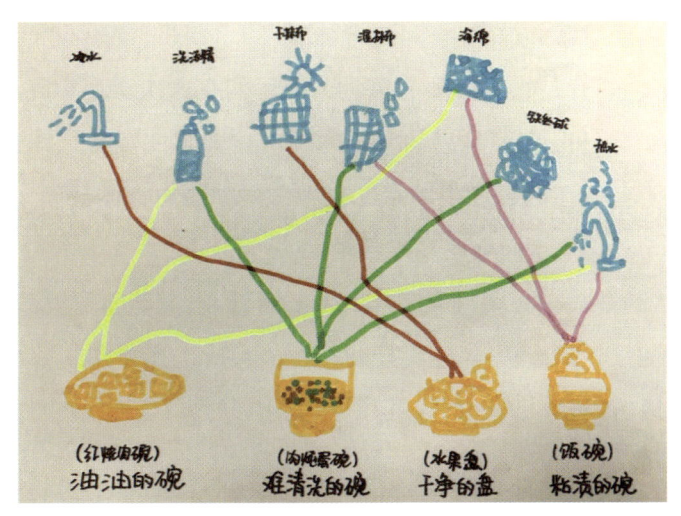

幼儿提出洗碗工具最佳方案（资源整合使用导图）

教师的思考：

通过"劳动工具使用小妙招"征集会，让幼儿直观感知不同劳动工具的特点及在劳动环境中所达到的不同劳动效果；根据劳动环境的需要，整合多种劳动工具，利用资源整合使用导图，获取劳动工具使用的最佳方案，助力劳动活动的开展，帮助幼儿获得劳动新经验，提高劳动能力。

策略支持：

充分挖掘幼儿生活中的人、事、物资源，通过劳动课程的实施，转变家长教育观念及行为的同时，帮助幼儿与家长建立相互信任的关系，提高相互之间的沟通能力，形成良好的亲子关系性。

三、家长反馈

"原来孩子远比我们想象的要自主、独立，当孩子想做某一件事，但觉得自己无法胜任想放弃时，我们应该多鼓励，让孩子勇敢迈出第一步，知道事情没有想象的那么难。"

"原来劳动教育是很有必要开展的，孩子们在这次课程中，不仅收获了很多劳动知识，还改变了自己的生活习惯。比如吃完饭后，知道收拾餐具了；当地板上有污渍时，能主动拿起拖把清洁。他们也体会到父母的操劳，当我们在劳动时，孩子们会主动来帮忙。"

"劳动活动是很有必要且意义非凡的教育活动。孩子们的劳动不单单是体力劳动，更多的收获是学会观察、思考、辨析，在劳动中解决问题的能力，积累生活的经验，从而迁移至其他活动中，获得全面发展性。

四、教师感悟

劳动是孩子成长的必要经历，会惠泽孩子的一生。

劳动教育是幼儿会生活、善生活的需要，是教师与家长帮助幼儿习得良好的劳动品质，促进幼儿全面发展的需要，为此我们要挖掘生活中劳动事件资源，把握劳动教育契机，拓展劳动教育内容，整合劳动工具、技能、方法等，以劳动经验手册等方式，帮助幼儿梳理劳动小妙招，获得生活幸福感。

孩子的劳动意识和能力都是无限的，都还在慢慢成长，不论是教师还是家长，首先要做的就是信任。幼儿园里的"好孩子"是这个孩子，家里的"懒孩子"也是这个孩子，他们不是双面体，而是氛围的差异、信任的差异、自主空间的差异造成的。有了第一次的劳动试错，就会开启有趣而有益的劳动体验，不管是试错的有趣，还是劳动收获的成就感，都能唤醒孩子劳动的内驱力。

劳动是在生活自然情境下的一种活动，因此会生发出许多自然情境下的劳动问题，此时便需要教师和家长引导幼儿观察、探索劳动中的工具、方法等。通过对家庭、幼儿园劳动资源的辨析与整合，促进幼儿劳动工具的使用、劳动技能的提升及合理规划劳动次序的经验习得，因此，家长要做的就是在劳动中加以引导，使幼儿在亲子相伴的自然状态下成长。

劳动体验中这种"被需要"的感觉能够让幼儿感受到个体在家庭、在幼儿园集体中不断被认可，这种情感体验促使幼儿喜爱劳动、坚持劳动，因此，尽管努力地试错，这些错误无碍心灵的美丽！

附录：

1. 课程资源迭代图

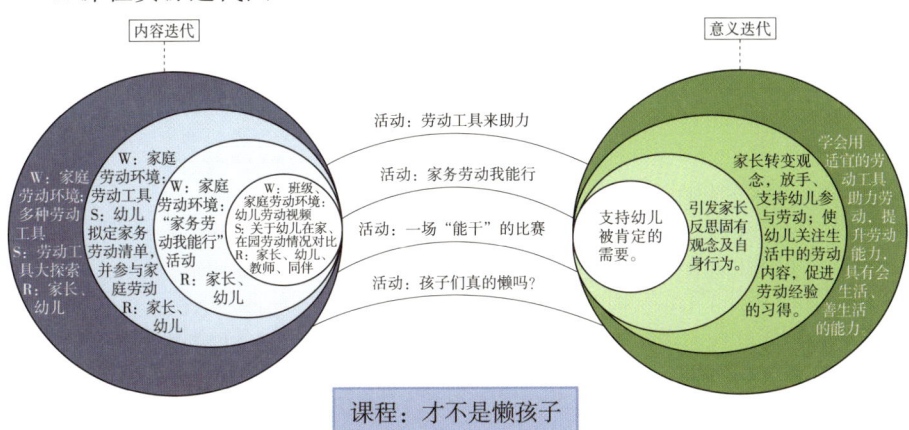

内容迭代

W：家庭劳动环境、多种劳动工具
S：劳动工具大探索
R：家长、幼儿

W：家庭劳动环境、劳动工具
S：幼儿拟定家务劳动清单，并参与家庭劳动
R：家长、幼儿

W：家庭劳动环境："家务劳动我能行"活动
S：
R：家长、幼儿

W：班级、家庭劳动环境：幼儿劳动视频
S：关于幼儿在家、在园劳动情况对比
R：家长、幼儿、教师、同伴

活动：劳动工具来助力
活动：家务劳动我能行
活动：一场"能干"的比赛
活动：孩子们真的懒吗？

意义迭代

家长转变观念，放手、支持幼儿参与劳动；使幼儿关注生活中的劳动内容，促进劳动经验的习得。

引发家长反思固有观念及自身行为。

支持幼儿被肯定的需要。

学会用适宜的劳动工具助力劳动，提升劳动能力，具有会生活、善生活的能力。

课程：才不是懒孩子

2. 课程资源分析表

课程内容	资源		资源开发与利用	价值分析
	类别	资源信息		
才不是懒孩子	事件资源	亲子对话：家长们对幼儿在园主动参与劳动且表现优异的现象产生质疑	围绕幼儿到底是不是懒孩子这一疑问，收集幼儿在幼儿园劳动与在家劳动的视频，从而进行归因分析。	基于家长与教师的疑惑，提出拍摄幼儿在园和在家的劳动情况；通过两种环境下劳动情况对比，与家长共同讨论、分析幼儿为什么在家与在园劳动情况不同，引发家长反思自身教育观念与方式。由此次事件资源生发出具有重大教育意义的劳动课程，转变家长对待幼儿参与劳动的观念和态度，培养幼儿的劳动意识，让幼儿体验劳动乐趣。

续表

课程内容	资源		资源开发与利用	价值分析
	类别	资源信息		
	人力资源	家长资源	家长观察幼儿劳动能力、态度等方面的变化，以家园漫聊等方式交流经验，相互学习。	1.转变家长的教育观念，认可劳动教育价值，给予幼儿参与劳动的机会，培养幼儿的劳动意识和兴趣。 2.家长通过参与课程，关注幼儿劳动能力及劳动意愿的变化，学会寻找幼儿的闪光点，增进亲子关系。 3.以家园漫聊方式，促进家长间教育经验共享。
		同伴资源	与同伴交流自己的劳动发现及感悟等，同伴间相互观察、比较。	以分享劳动清单等方式，让幼儿倾听同伴的劳动经验，并将这些经验迁移至自己的劳动活动中，提高劳动技能。
	空间资源	幼儿园、家庭不同的空间场所提供不同的劳动内容	家庭与幼儿园的劳动内容存在一定差异，让幼儿参与多种劳动内容，发现劳动的价值。	1.幼儿积极参与家庭和幼儿园的劳动，培养主人翁意识，获得归属感。 2.幼儿能根据不同的劳动空间，探索不同的劳动工具，形成具有个性化的劳动小妙招，获得自信与成就感。
	物质资源	劳动工具	幼儿在劳动中探索功能相近但效果不同的劳动工具。	支持幼儿运用观察、对比、分析、操作等科学方法探索工具和材料，发现劳动工具的不同功效，体验劳动乐趣。

（课程实施：福安市第二实验幼儿园大班　饶妍滨　刘思思）